私だけの昭和史《ものがたり》

甲斐裕文

鉱脈社

目次

第三部　もろづかものがたり　191

第四部　随想集　211

私だけの昭和史《ものがたり》

第一部

走馬灯

幼き頃の　思い出も
遥かに遠く　なりにけり
おもいはめぐる　走馬燈
まわる影絵に　よみがえる
彩《いろ》とりどりの　ものがたり
少年の日の　夢はいずこに

第一章　生い立ちから

出生の頃

大正十三年一月二十六日、この日は一体何の記念日だったでしょうか。お答えにならなくっても結構。この日は我が国にかってなかった「昭和という　激動の六十余年」在位された「昭和天皇」のご成婚の当日なのであります。

大正の年代から昭和に入って間もなく、「盧溝橋《ろこうきょう》の一発の銃声」から引き起こされた満州事変について、上海事変・支那事変へと戦火はさらにその規模を拡大しながら全世界をも捲き込み、遂に第二次世界大戦「大東亜戦争」へと突入してゆくのです。

「燃えろ一億火の玉だ」「だせ一億の底力」に「ほしがりません。勝つまでは」などなど、時の政府の叱咤激励のかけ声のもと、老いも若きも総ぐるみの涙ぐましい耐乏生活のその甲斐もなく、戦局は我に利あらず、あげくの果ての敗戦という最悪の日を迎える事になったのでした。

そしてこの日から私達日本国民にとって初めての厳しい試練、ながい屈辱と忍耐の日々が始まるのでありますが、そのことはさておき……

張扇《はりせん》を叩きながらの講談調で申し述べますならば、このお話は今を去ること六十余年の昔、大正の御代までさかのぼってスタートする事と相成ります。

さて、この佳き日、宮崎市は丸山町一〇二番地、通称を「桜馬場」と申します通りの一妻屋に賑々しく呱々の声を挙げた一男児こそ、これなん甲斐家の五番目の男の子（なんと八番目）すなわち、かく申す私なのであります。

それではともあれ、生い立ちを語るにあたって欠くべからざるもの、まず主人公たる当時の私をとりまく周囲の人々や、あたりの環境などからスケッチしてゆくことと致しましょう。

桜馬場あちこち

その頃の私の家は、宮崎神宮一の鳥居すぐそばにあったように憶えています。ひと抱えもあろうかと思われる桜の古木の並木が、枝を接するように二の鳥居の手前「下乗」の立て札が立っている所まで続いていました。

当時は、一の鳥居から神宮の拝殿まで真っ直ぐに見通すことが出来たのですが、「桜馬場」という風流な呼び名もこの桜並木に由来したものでしょうか。

わが家の外観は瓦葺き一部二階作りで、通りに面して一間ほどのガラス戸の出窓でその他の開口部は普通の雨戸だったようです。中の間取り等についてはあまり記憶がさだかではありませんが、広い作業場として使う土間、それに片側に通路が裏まで続いていたように思います。

裏は家から出て右手に五右衛門風呂の建物があり、少し離れて大きな石畳と太い四つ柱を持った屋根付き井戸がありました。中央には四尺角位のこれも石で組みあげた井筒の釣瓶井戸があり、数家族が共同で使用していたように思います。

井戸の前を通り過ぎると東側の隣家の庭に出ます。陰木の多い古い庭園で、飛び石にも苔が付き庭はお天気の日でもつるつる滑りましたが、私達子供にとっては格好の遊び場所でした。ただ、この庭に入ると草いきれというか、何となく黴臭い一種独特の匂いがするのには閉口しました。此処の持主の顔を見た事もなく、したがって怒られた記憶もありません。

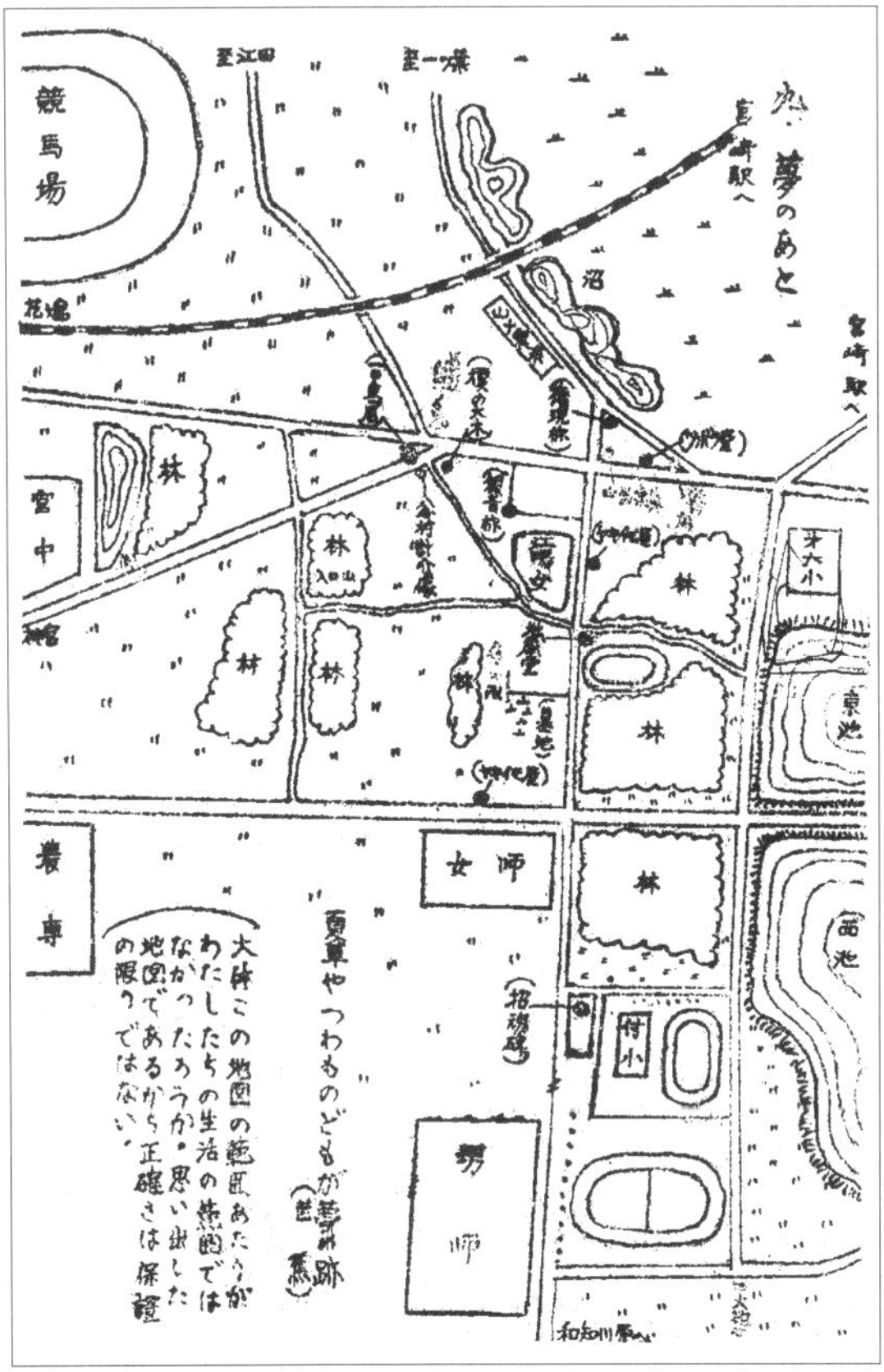

四兄　清の随筆「まぼろしの記」から

東へこの庭を抜けると、突き当たりは当時では珍しかった薄い青色のペンキで塗った木造二階建ての洋館があり、その路地を駈け抜けると幅一間の溝に石橋が架かっていて広い砂利道へと出てきます。これが花島駅（現在の宮崎神宮駅）方面への往還国道で、付近には南側に巡査駐在所があったと思います。

ちなみにこの一間幅の溝は、桜馬場の西をとおり江平池とつながっていましたが、丁度一の鳥居の所では参道に低い欄干のついた石橋がかかり、澄み切った水底の小石やせせらぎの音とともに、子供の目にもなかなか風情あるものに映りました。

この石橋には、父との数少ない触れ合いの思い出があるのです。とかく仕事一辺倒で、なかなか子供達と遊ぶ機会が少なかったように思われる父でしたが、何かの夏祭りの時、小川のせせらぎに沿って沢山の夜店が軒を並べ提灯やガス燈が水面に輝くなかを、雑踏する人込みをかきわけながら幼い私を肩車した父が、調子はずれの声で「空も港も夜は晴れて」と唱歌「港」を上機嫌でゆっくり歩きながら歌うのです。あとで聞いたところでは、父は宮崎弁でネブカと呼ばれる位の音痴だったそうです。

この雑踏の中には祭り独特のあの懐かしいアセチレンガスの匂いが立ちこめ、賑やかな呼び込みの声とひといきれなどなど、子供心にうきたつ気持ちを押えきれずに、父の肩車の上ではしゃいだ事を覚えております。

一の鳥居の東側と西側、つまり石橋の北側は玉砂利を敷きつめた神苑で、十数株もの楠の巨木が枝を張り、空を覆うように立ち並んでなかなか壮観でした。

西側には西南戦争における郷土の勇士「谷村計介」の銅像がありましたが、この花崗岩の石碑の三面にレリーフされている熊本城の攻防の有様などは、何度見ても見飽きない程、稚ない胸をおどらせる楽しいものでありました。

大雨が降ると玉砂利の上には小川の水が溢れ、小鮒やダクマえび・泥鰌《どじょう》が子供達にも手掴みで獲れましたし、そしてときには大きな鯉までもが迷いこみ大騒ぎすることもありました。また楠の木には枝ごとに雀が巣を作っていましたから、台風のあとなど巣から飛ばされる小雀が随分沢山いたものです。落ち雀を探すことと　手摑みの魚捕り。これがこの季節の私達の楽しみでした。

一の鳥居の南には観音様への道と江平の町の通りの辻に、大人二人でも手が届かないような大きな榎がありました。この大木の西側には生田理髪店がありましたが、夏などアイスキャンデーの鈴の音がかしましく鳴り、道ゆく人々の大方はこの木陰で涼をとっていたようです。

以上おぼろげな記憶をたどりながら、六十数年も昔の桜馬場の周辺をひとわたり再現して見たつもりですが、如何でしたでしょうか。

家族の人々

父 三治（1941.9.15 撮）

さて今度は家族を紹介する番です。まず最初にお断わりしておきますが、これはあくまでもこの頃、つまり学齢以前だった私の目線から見た人物の素描という事でご理解頂ければ幸いです。

父は門川出身で名前は三治。背格好は小柄でやせ形、色白で昔は近郷きっての伊達者だった由。職業は大工「指物師」で、腕の方はいま考えても、贔屓目なしに名人級だったように思います。

頭に何かがつくような真正直、人は好いが短気で頑固者で、名人気質《かたぎ》とでもいうのか気が進まなければ儲け仕事でも棒に振る、かと思えばたとえ損をすると判っていても好きな仕事をする、といった事が多かったらしく、家計の切り盛りの事もあったのでしょうが母がよく愚痴をこぼしていたように覚えております。

祖父の伝治は諸塚村家代《えしろ》の郷士で偉丈夫、老いたりといえどもなお古武士を彷彿させるような風格があり、私達小さな子供は怒られないように何時も遠ざかっていました。

祖母シカは既に亡くなっていたので私は知りませんが、なんでも諸塚村七っ山の庄屋の家柄で、大変な美人だったという事です。

母の名前はマキ。一人娘だったので祖父母達が諸塚を出て門川に住まいした時代、父を婿養子に迎えたのだそうです。父と十歳違いの小柄な人で、昔は美人だったそうですが、「律義者の子沢山」の喩のとおり、十人の子供を産み育て厚生大臣から表彰を頂いた位でしたから、往時の花のかんばせのその面影もなくなっていました。

母 マキ（1941.7.16 撮）

しかし生まれつき頭が良かったのか、当時の小学校にしか行っていないにもかかわらず記憶力抜群だったように思います。七っ山や家代の祖先の言い伝えや故郷の昔話、はては活動写真など物語の始終を登場人物の声色をも交えながら、まさに微に入り細を穿つといった感じで話をしてくれたものでした。

十人の兄弟姉妹の内訳を申しますと、兄が四人に姉が三人、そして妹が二人という事になります。

長兄は虎夫、当時は小学校訓導で色白小柄、なかなかのハンサムでした。関東大震災の頃東京の某大学に在学中だったそうで、いつでも垢抜けのした爽やかな容姿と、いわゆる東京弁を自在に駆使するという事もあり、兄姉の中でも別格の扱いだったように思います。英語ドイツ語を得意とし水彩画、ヴァイオリン等など多彩な趣味を持ち、その容姿に似合わず豪放磊落な面もあり、家中の皆から尊敬されていました。

長兄 虎夫（1941.7.16 撮）

次兄 武雄（1939.12.15 撮）

特に小さな私達は「大きい兄さん」の呼名の簡略された「おき兄さん」という愛称で、あたかも雲上人に接する如く一歩下がって敬愛しておりました。ちなみに私が小学校入学の時にかぶったガブガブ帽子は、この長兄のお下がりの大学生の帽子「角帽」だったのです。

次兄は武雄といいます。長兄と一緒に上京し大学付属の中学に通っていたのですが、大震災を機に帰宮しその後は郡是製糸工場などの会社勤めをしていたように思います。かつては文筆の道を志したこともあったらしく、いつも原稿用紙に小説らしきものを書き散らしていました。時折りは投稿などもしている様子でしたが、こと意の如くならず何時も没にされる事が多かったようでした。折に触れて長兄も褒めていた程絵も上手でしたが、どこか兄の絵と趣をことにし、例えばゴッホの「ひまわり」の絵のような精緻な画風が得意だったようです。

私は一年生に入る前に、武兄さんから手書きの華麗な色付の「いろはかるた」を作ってもらい、一生懸命仮名文字の読み書きを練習したことを覚えております。母に似て神経質・父に似て短気で癇癪持ち、たまたま家にいるときなど何か母に注意されると、すぐに怒って二階の自分の部屋から雑誌など見境なしに階段に投げ落とす悪い癖がありました。

三番目の兄は重利といいます。皆の中では一番背が高く当時は颯爽たる美青年で、その頃は細島水上警察署の巡査をしていました。以前は父の仕事を手伝って家業を助けていた事もあり、母の信頼も特に厚かったように思います。

三兄 重利（1933.9.6 撮）

沢山の兄弟が居ると、かならず顔形の似通ったもの数組が出てくるそうですが、私達の兄弟もご多分にもれず、父に似たものは小柄で細面というふうに、母や祖母に似たもの或いは祖父ゆずりの顔形のものなどなど、バラエティに富んだものになっています。私は重兄さんと似ていると親戚中からよくいわれておりました。

四男は清、小学校時代から英才の誉れが高く宮崎師範学校を出て小学校訓導をしていました。兄弟の中では一番祖父の血を濃くひいたらしくて、まことに堂々たる体格なのですが惜しいかな少々背が低いというのが、欠点といえば欠点だったしょうか。夏休みなどに家に帰って来ると、よく任地の田舎の小学校の学芸会の出し物の有様や、その地方のお祭りの踊りなどを、身振り手振りを交え演じて見せるので家中で大笑いをしたものです。

この兄は小さい頃からその歩く姿勢から「胸張り坊ちゃん」なる愛称で呼ばれていたそうですが、私は「ヘッチョコアルキノミコト」という渾名を付けて一人ひそかに楽しんでいました。

五人目は千鶴子といいます。さすがに長女の貫禄十分で、私が「砂漠に日は落ちて夜となる頃」などと口ずさんだりすると、間髪を入れず「俗歌を歌ったらいかんが」と叱ったり、大衆雑誌「キング」の漫画などを見ていると、「子供の読むものじゃないが」と言って横から本をむしり取る位朝飯前でした。

私達は「チーねえちゃん」と呼び恐れをなしていた反面、母を手伝い弟妹の世話など家事をてきぱき取り仕切るこの姉を大いに頼りにしていました。

また姉には観光宮崎の揺籃期、宮交バスガイドの第一期生

四兄 清（1941.7.16 撮）

長姉 千鶴子（1934.12.4 撮）
宮交 華のバスガイド時代

として華々しくデビューした時期もあったのです。

五人目、六人目、七人目とも姉三人が続き妹二人という配列でしたから、末兄でも十三歳年上、その兄達も家にはいないということもあって、日頃の遊びは女の子のお遊びが大半を占めていたように思います。

室内の遊びでは、いろは歌留多・百人一首・双六などはまだよいほうで、お手玉や綾とり・おはじき・人形遊び・セッセッセといったものが遊びの主役で、行軍将棋とか五目並べ・ラムネン玉などの遊びは、小学校も高学年になってやっと覚えたほどです。

屋外では陣や取り・かくれんぼ・ドッチボール等男女に共通する遊びは別とて、なわとび・石けり・一段二段・まりつき・ままごとなどの女の子専用の遊びに、心ならずも加えられることが多かったように思います。ですから凧揚げ・ネッキ打ち・パッチン・戦争ごっこ等男の子本来の遊びに参加し始めたのは、小学校四・五年生頃からだったように記憶しております。

次女 艶子（1943.1.20 撮）

ついつい遊びの説明がながくなりました。次女艶子、六つ上ですが小学校の頃から友達が多かったらしく、私はあまり面倒は見てもらえなかったように思っています（こんな事を言っていると叱られるかも分かりませんが?）。

家に遊びにきた友達を送って行き、その友達から途中まで送ってもらい、また自分が途中まで見送るというような事を、際限なく続けるのでどうしても帰りが遅くなり、よく母から「たかザルキをしなんな」と怒られていたようです。

この姉のため特筆しておきたいことは、

三姉 敬子（1943.1.20 撮）
宮崎電話局勤務の頃

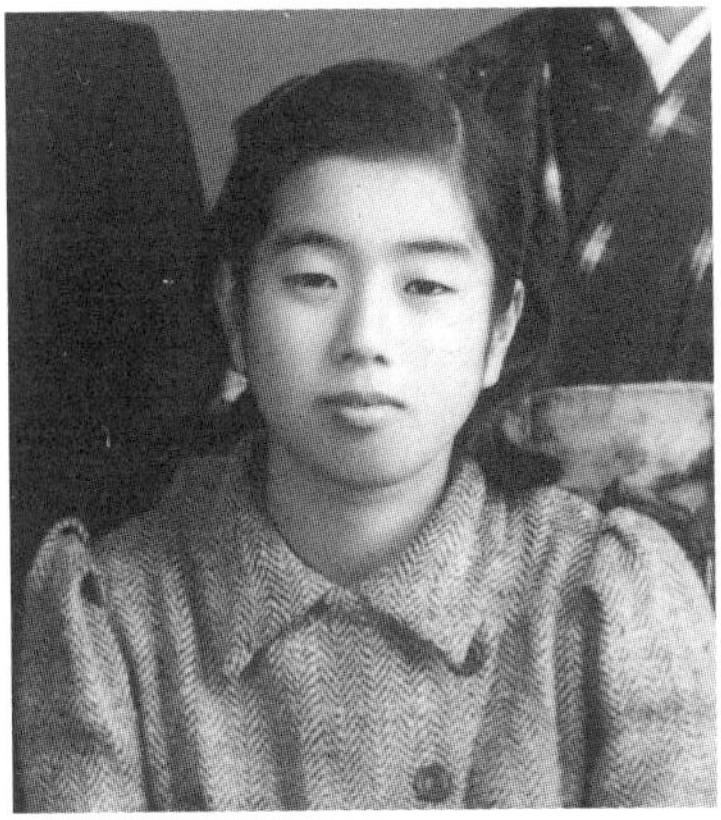

妹 和江（1941.7.16 撮）

大東亜戦争の末期から終戦前後にかけて、全員軍隊にとられてしまい男子不在となってしまった甲斐家にあって、病弱の老父母をかかえて孤軍奮闘したことだろうと思います（本当にご苦労様でした）。この姉も長姉と同様、観光バスガイドとして大活躍した華やかな時代があります。

すぐ上の姉は敬子。美人だった祖母に似ている、ということになっております。

私はこの姉にも幼い頃に大変お世話になったそうです。恥を申さねばなりませんが、私は小さい頃いたってひよわな体質で、そのうえ頭いっぱいにオデキができた時期があったそうです。両親も「可哀相に、この子の髪の毛は大きくなっても治らないだろう」と半ばあきらめていた位の症状だったそうですが、その頃メソメソ泣きじゃくってばかりいる私を、敬子姉はその小さな背におぶって、幼いながらの子守歌で何時も寝かせつけてくれていたのだそうです。私の今日在るを思うにつけても深く感謝している次第であります。

私のすぐ下の妹が四女の和江です。はじめ「和枝」のつも

末妹　弥生
宮崎大学学芸学部在学の頃

りが、出生届けの時に間違って「和江」になったといいます。宮崎県での婦人警官第一期生です。

そして末っ子が五女の弥生となります。女子師範から学制改革後、最初の宮崎大学学芸学部（教育学部を経て現在は教育文化学部）卒業生となりました。

以上で昭和の一桁時代における、わが家の家族紹介を至極簡単に終わらせて頂くことにします。このあとも稿をおいながら、思い出すままを書き続けてゆきたいと思います。

第二章　小学校時代

入学試験と学帽

昭和五年に私が入学したのは、その前の年に宮崎市で六番目に誕生したばかりの第六小学校（現在の江平小）です。それまで丸山・江平地区の子供達は遠く離れた第一小学校（現在の宮崎小）に通学したり、また一部のものは男子師範学校の付属小学校に入学したりしていました。

この新しい第六小学校が出来たお陰で、丸山・原・花殿・権現・江平一〜三丁目・橘通り五〜六丁目といった地区の子供達は近くて新しいこの学校へ通学することになったのです。

兄や姉は揃って付属小学校を出ていましたので、家中のものは私が付属小に入学して当然という気持ちでいたらしいのです。ところが肝心のご本人が面接の際の簡単な風呂敷の結び方をとちってしまい、それが原因かどうか分かりませんが、結局入学は出来ませんでした。姉達から散々けなされ、大いに面目を失い自信をなくしてしまったことでした。

ともあれ新一年生となり、初めてかぶった帽子が前述の長兄お下がりの大学帽だったという訳であります。当時の私は年令の割に頭でっかちで、既製品の学帽では合うのがない程でしたが、さすがにこの帽子は大き過ぎたようで、その当時清兄さんと撮った写真を見ると、まったく漫画の主人公フクチャンのようで笑ってしまいます。

一年一組受持ちは中村純雄先生で音楽の先生でした。余談ですが当時の第六小学校では、一学級が大体五十名位で一学年が三つの学級にわかれ一組が男子ばかりのクラス、二組が男女級、三組が女子級という編成でした。

家から一の鳥居、金丸酒屋の麹臭い酒蔵の横を通りぬけ、小学校へとむかう通学の道筋にも数々の思い出がありますが、それについてはいずれ稿を改めて述べることにしたいと思います。

学芸会の思い出

二年になりますと一組の担任が原田善造先生になりました。

この年の学芸会が近づいた頃、先生からクラス代表で国語読本の朗読をするようにと言われたのには本当に吃驚《びっくり》しました。なにしろまだ人見知りをする位内気で、大勢の前に出る事など思ってもみない事でしたから、その気苦労たるや大変でした。

それからは課外に残り、先生の傍らで朗読を練習する日々が続きました。練習に疲れ果てお腹をすかし、薄暗くなりかけた桜並木をトボトボと我が家に帰った事もあったようです。

朗読は国語読本巻四、第十五の「椎の木と樫の実」でしたが、私の持っている読本は代々の姉からのお下がりでしたから、ページをめくる所が摺りきれてしまい、ボロボロになっているので恥ずかしい思いもしました。さすがに先生も気の毒に思われたのか、学芸会当日には新しい教師用の教科書を貸して下さいました。

なにしろその頃の教科書はみんな文部省の定めた「国定」教科書でしたから、内容の改訂もほとんどなく、分限者《ぶげんしゃ》（富限者）の家庭以外では、兄姉のお下がり使用が至極当たり前の事だったのです。

しかし理科・地理等の教科書などは、さすがにその都度新しい内容に改訂されてゆきますので、ときたま先生のお話と自分の教科書の内容とが食い違い、質問したくても質問出来ず、恥ずかしいやら悔しいやらの思いをした事も度々ありました。

私が学芸会に一人で出演したのは、後にも先にもこの時一回切りですが、妹の和江は一年生・二年生と続いて席上揮毫にでました。

講堂も体育館もない新設校でしたから、学芸会の会場も北校舎と南校舎をつなぐ渡り廊下の中庭いわゆる奉安殿のある広場に、紅白の幕を張りめぐらして設けられました。たしか舞台があるのは南校舎側で、校舎の廊下出入を花道がわりにして舞台に登って行ったように思います。

こどもの四季

いまはもう遥かに遠くなってしまった少年の日々、過ぎ去っていった数々の思い出を辿りながら振り返ってみますと、大人になってしまってからはもう見られないような、五感のみずみずしい感覚、自然の営みに対する純粋な喜びなどに満ち溢れていたように思うのです。

四季折々の移り変わるにつれて緩やかな変化をみせる自然のたたずまい、子供たちの澄んだ瞳はどんな視点でこの事実をとらえていたのでしょうか。

たとえば、早春にいち早く萌えでる名もない雑草の可憐な芽吹きにも、生まれ出ずる命の不可思議さを感じましたし、盛りあがり滴るばかりの新緑が色とりどりに装う初夏の山々を眺めるときには、限りない生命の躍動感を覚えたものです。また真夏の蒼空に湧き立つ入道雲を振り仰いでは、幼心にも何かしら底知れぬ存在、造物主（神）への畏怖が心に沁みたものでした。

永い夏休みも終わりに近く何か物寂しい夕暮れどき、裏のトーキビ畑の枯れ葉に騒ぐ秋風の音にも、ことしの夏にお別れを告げるそこはかとない侘びしさが感じられました。

秋も深まる十月の下旬、神武様のお祭りが御神幸だけでも当時は三日間もありました。賑やかな行列や雑踏する人々、屋台や夜店などで賑わった町々も祭りが済んでしまうと普段と変わらない顔に戻ってしまいその寂しさはまたひとしおです。一人の多感な少年が、こんな気持ちで見上げる晩秋の空には赤蜻蛉がむれ飛び、悠々と一片の雲が静かに通りすぎていく。などなど、いささか美文的表現にこり過ぎた感じで甚だ申し訳ありません。

では過ぎし日の大らかな私達の日常生活の断片をご紹介してみたいと思います。まず夏の話題からです。もうその頃は渦巻蚊取線香があったように記憶していますが、それでも蚊帳が夏の必需品で主役だった事は間違いありません。

宮崎市も現在のように排下水などの汚水処理が整っていない時代でしたし、そのかわり蚊の住まいとなる草叢・側溝などには事欠かない有様でしたから、蚊軍はいたるところから、物凄い羽音をたてながら襲来して来るのです。

夏の夕暮れはまずかすべ（蚊遣り）から始まります。これは蚊を追い払うため青草などを燻らす訳ですが、その濛々たる煙で人間様も相当けむたい思いをしなければなりません。家々から出る青い煙がやがて下火になり打ち水をした往還《おうかん》（表道路）にたなびき始めた頃、食事を終えた人々が表に出て来て、やがて夕涼みの時間となるのでした。テレビもなく、まだまだラジオも普及していない時代でしたから、この夕涼みの団欒《だんらん》などはこの頃の庶民の数少ない楽しみのひとつだったのでしょう。

みな家にはそれぞれ専用のバンコ（縁台）を持っていたようですが、私の家は前にも言ったように大工の仕事をしていた関係で、父が作った畳一畳敷以上ある特製のバンコがあり隣家の人達も一緒に利用していたようです。

子供達は首すじが痛くなるような糊のバンバンきいた浴衣を着せられ、団扇《うちわ》を持ってバンコの周囲を走りまわり、大人達はヘボ将棋に興ずるといった情景がよく見られたものです。

わが家のバンコでも母お得意の昔話などがはずみ、時々団扇をばたつかせながら話の続きを催促したりしたものです。

まるで頭上に落ちてくるようにきらめく満天の星々、天の川を仰ぎ見ながら星座にまつわる幾多の神話に魂を奪われ、夜も更けて怪談が始まる頃には恐いので耳に栓をして逃げ回ったり、挙句の果てにはそのまま眠ってしまい寝床へ抱え込まれる、というような事も度々あったようです。

濃い緑に赤い縁取りのついた麻蚊張を吊ると、その中はまるで別世界の感じで小さい頃はとても嬉しかったものです。

あそび疲れて眠り込んでしまった夜半の覚めるともなく夢うつつの耳に、添い寝の母があおいでくれている、バタ・バタという単調な団扇の音とその感触。えも言われぬ幸せな思いと安堵感を味わいながら、再び安らかな夢路へ入ってしまう、そんな夏の一夜を思い出します。

そう言えば　こんな古人の句もありました。

「寝ていても　団扇のうごく親心」

盆踊りと運動会

江平の夏の風物詩としてかかせないものに「盆踊り」がありました。旧暦のお盆の頃ともなると一の鳥居の南側、大榎の広がった枝に覆われた広場には、杉丸太で大きな櫓が組み立てられ紅白の布で飾られて本番を待ちます。

永い夏の日も暮れて広場のあちこちや櫓の上の裸電灯がともり、櫓太鼓が威勢よく鳴り響き始める頃には、三々五々と集まった浴衣姿の人々で広場は一杯になります。まず櫓の上から、ねじり鉢巻き姿の音頭取りが自慢の声を張り上げて、

「わしがチョイト出て、チョイトあいしましょ」

と歌いあげると、すかさず囃子方が、

「アラやっとせーエンヤラやっとせ」

と合いの手をいれ、次から次へと唄と囃子とが限りなく続いてゆくのです。

唄い手は我こそはという「のど自慢」の老若男女で引きも切らず、音頭の文句にも即興の詞が飛び出

す頃には、踊りの輪は二重にも三重にも広がり、いよいよ盆踊りは最高潮に達するのです。

秋といえば運動会の季節です。当時の宮崎市内の運動会は大体十月に集中していたようで、なかでも十一月三日に開催される高等農林学校の運動会は、賑やかな前日祭や奇抜なレース種目が多い事でも人気があり、この高農の運動会がシーズンの締め括りだったように記憶しています。

なにしろ私達の学校は新設されたばかりなので、運動場の整備も十分とは言えず、植木もまだ小さくて木陰を作るまでに成長していませんでした。

さて運動会の当日ともなると、朝早くから両親達は弁当や湯茶の準備に大わらわ。私は少々肌寒いのを我慢して早々と新しいランニングシャツ・パンツに着替え、新しいゴム足袋をはき、中程をゴムバンドで堅くとめ用意万端を整えます。

子供ながらそれなりの決意を胸に秘めて学校へと向かうのですが、途中校門近くにある生垣「からたち」の黄色な実をむしって、その汁を両足のふくらはぎになすり付けるのが当時の流行《はやり》でした。こうすると「脚が涼しくなって速くなる」というのでしたが、私には全然効果があらわれませんでした。小学校の全学年をとおして徒歩競争三等以内に入った事はほとんどなく、万年四等賞といった悔しい記録もあります。

転居・北権現町へ

確かな記憶はありませんが、北権現町へ引っ越したのは私が小学三年生の時だったと思います。それまでは、たとえ橘通のように賑やかな街なかでなかったにせよ、何しろ神武様の門前の町すじ桜馬場からの引っ越しですから、なにやら都落ちでもするように侘びしい気分でありました。

一の鳥居から江平の町並みを東へ、長友自転車店の角から一つ葉道に入り郡是《ぐんぜ》製糸工場を過ぎるまで約一キロの道のり、たったこれだけ来ただけで周囲はすっかり田園の風景に変わってしまいます。

やがて道をはさんで続く畑の向こうに、藁屋根の農家五、六軒がかたまって見えてきます。その傍らの小道を北へと入り、柿の大木の小暗い木陰を、厩の溜まり水の強烈な色と匂いを気にしながら、畑の中の道を歩いて行くこと百メートルあまり、前方に南と西側に杉垣を巡らした瓦葺きの屋根が見えてきますが、この家が私にとって二番目の我が家となるのでありました。幅一メートルちょっと位の小道は、我が家を南から西へとめぐり、さらに北へと延びて宮崎競馬場の外周馬場の西端にまで出られるようでした。

ことのついでに、かすかな記憶を辿って家のたたずまいなど再現して見る事にしましょう。敷地の広さはおよそ六十坪位だったでしょうか、古い木造平屋十五坪程度の母屋、その西側に六坪位の納屋が続き東側には簡単な鶏舎がついていたように思います。南側の小道から入り込む幅一・五メートル位の通路が東の端にあって、庭から家の表入口に通じていました。

杉垣の南内側には菜園少々、棟続きの納屋の外側と杉垣の切れる北側の一部は孟宗竹林で下草には蕗などが生い茂り、片隅にはなんと一坪もあろうかと思える肥溜までもありました。北側は竹林からつながる茶の生垣と無花果《いちじく》の植込で、ここから北の方角を見渡すと、多少高低のある畑が連なる向こうに競馬場の観測櫓が見え、遥か彼方には三角定規を伏せた感じのする尾鈴の山々が見えました。

引っ越した当初、一つ葉道からこの家を眺めた時、家の周辺だけが他の風景より一段低く見え、少し沈みこんでいるように感じたことがあります。よく調べてみると事実その通りで、家の敷地の周囲の小道や畑などは、一つ葉道路や競馬場付近の土地に比べて若干低くなっているのでした。

そんな土地でしたから、大雨の時などはまず真っ先に我が家をめぐる小道から冠水し始めるのです。小道が沈みこむと今度は畑が次第に水に没し、庭先にまで泥水がヒタヒタと押し寄せてくる有様には、本当に不気味な恐怖さえ覚えたものでした。此処で三たびの夏を迎えた訳ですが、さすがに床上浸水は記憶していません。

しかし一つ葉道から家に通じる小道は一メートルを越す冠水などは毎度の事で、大雨の度に五十三次の「大井川の渡」さながらの格好で足場を確かめ確かめ往来したり、最後にはもはや達観の境地で、家の周囲を取り巻く泥水を見渡して、まるで「高松城水攻めの図だね」と泣き笑いした事も再三でした。

こうして道も畑も水没してしまい、電柱だけが水面に姿を現している洪水のさなか、二メートルもあろうかと思われる青大将が優美に体をくねらしS字を描きながら悠々と水面を泳ぎ渡るのを見たことも度々あります。

ここ北権現町からの登校の道すじといえば、家から一つ葉道に出て西へ日豊線の踏切を渡り、郡是製糸工場の真っ黒なトタン塀が両側に続く砂利道を、さなぎの匂いと工場糸繰機械の騒音を我慢しながら通り過ぎ、江平の町に入って一の鳥居前から以前の登校の道をたどるといった経路で、凡そ三十分位はかかったと思います。そして何時も江平の町の入り口の日野精米所の前まで来ると、何んとなくホッと一息ついたものでした。

もうひとつの道すじは、家から前の道に平行して南側にとおっている道「一つ葉遠足に通る道」へ抜けて、少し坂になっている南側の踏切から郡是製糸の正門前へと下り、高い石積みの郡是社宅の下を通り、熊野権現の森の横の切通しを登って学校通りに出るという経路でした。

暗い記憶から

当時の郡是製糸の正門付近からの眺望は、道路のすぐ南に浮之城川へとそそぐ小川が流れ、あたりは見渡すかぎり田圃ばかり。東には鉄道の線路越しに一つ葉海岸の松林が遠望され、南は宮崎駅方面で刑務所の望楼の向こうには双石山の連なり、西は道路に沿って点在する江平の家並や熊野権現の杜の緑が見えるというようなのびやかな眺めであったように思います。

北権現町の家もこのような田園風景の中にあり、自然の野趣にみち溢れてはいましたが、私にとって少年期のうちで唯一の心の病に悩んだ時代であったのではないかと思います。誇張して表現するなら「暗い闇への恐怖」に恐れおののいた時期であったように思われてならないのです。それが何に起因するものか今もって判らない事ですが、比較的賑やかな町からの移転等、急激な環境の変化に順応し得なかった心の中の葛藤。或いは少なからず排他的であった付近の住民達のとった、よそもの扱い的な行動や、監視するような冷たい視線などに対する、警戒と危惧の念、抑圧された自己防衛の本能などが蓄積され次第に歪曲拡大されて、私の心の内面に魔性のものを生み出すまでになったのだと思っております。

それにしても、「ふと目覚めると天井の片隅から、じっと自分を見つめている怪物《もののけ》の目、じわじわと

祖父の葬儀で家族一同（1934.1.27撮）

足元から夜具を押さえつけられるような不気味な感覚、それが胸まで来ないうちにうなされ自分の声で目覚める」。しまいには夢の中だけでなくうつつでも、薄暗い納屋の框にさまよう魑魅魍魎《ちみもうりょう》を見かける事もあったほどでした。このような体験はその恐怖を実際に味わった人でなければ到底理解してもらえないでしょう。

　これには多分に被害妄想もあったと思いますが、それでも明らかに人の仕業とわかる深夜の招かれざる客の庭先徘徊、雨戸叩きの悪戯、或いは所かまわぬ排泄物等は珍しくありませんでした。こんな出来事が度重なり神経衰弱気味だったせいか、四年生のときは学校の成績もクラス五番に下がってしまったのです。

　昭和九年の一月六日十一時半頃、私達の第六小学校は小使い室から出火して、二階校舎を全焼しましたが、丁度生徒のいない時で死傷事故がなかったのは、本当に不幸中の幸いでした。

このため上学年の生徒は、当時牟田町といった山十製糸工場跡の建物で授業を受けることになり、私も四年生の三学期と五年生の一学期とをここに通いました。

校舎の火災から間もない一月の二十七日、あんなに元気だった祖父も老衰のため八十七歳で死去しました。まことに眠るが如き安らかな大往生でありました。

再び江平の町へ

五年生になったこの年の夏の始め、北権現町から江平一丁目に転居しました。今度越した家は江平の三叉路（現在の五叉路）の駅方面に行く道路沿いで、角から三軒目の木造二階建でした。道路から三十センチ位高くなった庭があり、通りに面している一階も二階もガラス戸と雨戸が備えられ、古家ながら部屋数も多く明るいので私達子供も大喜びしたものです。

引越の片付けの大方終わったのは、永い夏の日も漸く暮れる気配を見せ始める頃だったでしょうか。掃除も終わって新しく住むことになった我が家の板縁でお茶を飲みながら、街を賑やかに行き交う車馬や、忙しげに歩く人々を眺めるのは本当に楽しい事でした。電気の取り付け工事が遅れ今晩は間に合いそうもないとの連絡が来た時も、そんなに苦にはなりません。母などは「前の所に較べたら周りが明るいから電気もいらん位じゃが」といって皆を笑わせた程でした。

こうして再び町暮らしの生活が始まったのですが、両親の昔馴染みや知人も多く、ご近所も気のおけない人達ばかりでしたが、私達にとって一番嬉しかったのは友達が近くに沢山いることだったでしょう。買物ひとつにしても店屋は近いし値段は安いという良い事ずくめで、貧しいながらも満ち足りた毎日だったように思います。

学校へも歩いて三分たらず。バス通りを横切って店屋の路地を抜けると、もう江平池の端、第六小学校の運動場の東南の隅に出るのです。誰よりも早く教室に入って真っ先に予習を始めるという事が、その頃の楽しみのひとつであったようです。

先生の思い出など

このあたり多少話が前後するかもわかりませんがお許し下さい。

小学三年から六年までの四年間は、斉藤　正（堀切と改姓）先生から教わりました。図画がご専門で、校舎の階段の踊り場（?）にある先生の部屋には、沢山の油絵の額が掛かっていて、何時もあの独特な油絵具の匂いが立ちこめていました。当番のときなどは先生の部屋のキャンバスに架かっている絵を片付けたり、先生から奢って貰った焼き芋を食べながら、泰西名画にまつわる話など聞かせてもらったことも度々あったように記憶しています。

余談ですが、先生の奥様が当時の第一小学校（現在の宮崎小）で教鞭をとっていらっしゃった頃、妻シヅ子がお世話になった事があり、私達夫婦は二人揃って先生ご夫妻の教えを受けるという不思議な御縁なのでした。

平成二年は小学校卒業以来、五十五年目にして初めての同窓会に先生をお招きし、久しぶりに一同童心に返って、和気靄々のひとときを過ごしました。

先生から当時の第六小学校の正門付近を描いた、見事な色刷りの版画を記念として頂戴するなど感激もひとしおでありました。

先生も平成六年奥様が他界されて以来、ご自身も足がご不自由ということもあってか、車椅子での生活がより便利な病院で大半を過ごされるようになりました。それでもお正月などには、ご自宅（宮崎市原町）にお帰りでしたが、時折病院に先生の御機嫌お伺いの電話をしたりした時など「此処の方が気楽でいっちゃが」と言って笑っておられました。

平成九年、米寿を記念して県芸術劇場で個展をひらかれた時も、私達夫妻もご招待にあずかり第六小同窓会のメンバー数名と同行して拝見させていただきました。

毎年の年賀状はもとよりの事、時には暑中見舞いのお葉書まで（勿論手彫り版画）頂いておりましたが、平成十四年六月九十三歳の天寿を全うされ永眠されました。今でも先生の優しい御顔が懐かしく思い出されます。心からご冥福をお祈り致す次第です。

話をもとに戻すことにしましょう。自慢する程の事でもありませんが、少年期の私は今思い出しても感心する程よく本を読んだものです。それも何の目的もなく唯々読む。いわゆる乱読のたぐいで、明治・大正の文芸作品から中等国文の教科書、はては大衆雑誌の講談に至るまで、時を忘れて読み耽るので、兄姉達から叱られる事も度々ありました。

随筆・散文詩から短歌・俳句、とくに韻文形が大好きでしたから、尋常小学校国語読本「大正編」に出てくる詩などは、今でも大方は暗唱できそうです。

その頃一番ほしかった雑誌が、講談社発行の「少年倶楽部」でした。定価五十銭でしたが母からはなかなか買って貰えないので、兄達にねだって時々買って貰い宝物のように大事に扱ったものです。内容は当時の子供向けの雑誌としては割と程度の高いものが多く、時局がら熱血武侠小説「亜細亜の曙」と戦争実話「敵中横断三百里」、それに漫画「のらくろ」ものなどが、毎号私達少年の血を湧かしてくれたものです。

懐かしき少年の日々

当時（昭和十年頃）の橘通りは六丁目まであり、江平町は三丁目までありましたが、現在の区割りと少々違い、今のデパート付近は橘通五丁目だったように思います。家の近所には西隣に吉田喜五郎商店、南すじ向かいに黒田写真館、三叉路の南東に日米商会（ガソリンスタンド）などがありました。

例によって我が家のささやかな裏庭の一隅に立って東を見渡すと、見渡すかぎりの田圃の中ほど南北に少し小高く見える一線をひいて日豊線が走り、左前景には熊野権現の濃緑の杜、そして次が浮之城のみなれた樹形、さらに向こうには一つ葉の松林が遠景にかすんで見えます。おもむろに目線を右へと移し南の方角を眺めると、まず線路沿いに春の山、次に深坪町から宮崎駅に通ずる通りとなるのですが、この辺りに特徴のある形をした宮崎刑務所の建物の一部が僅かに頭を覗かせていました。

その頃は稲刈の後には、レンゲ・菜種が播かれるのが普通でしたから、春の季節ともなると、鮮やかな黄色と濃い紅、それに散在する麦畑の緑との織りなす模様が交互に並び、丁度絨毯《じゅうたん》を重ね合わせたようで本当に綺麗でした。子供の背丈ほどにも伸び、整然と植えられた菜種の畦の間を駈け巡るかくれんぼに遊び興じたり、疲れるとレンゲ草の部厚い絨毯の上に倒れ伏して花の蜜の甘い香りを胸一杯吸ったり、何もかもみな楽しい思い出ばかりです。

晩春の夕暮れどき既にほの暗くなっている畑の上には、家々の夕餉の煙が霞のようにたなびき、まだ遊びから帰らない吾が子を呼ぶ母親の声があちこちに聞こえ始め、やがてそれも次第に収まると黄昏の淡い浅黄色の空に、にぶく輝く円板のようなお月様がひっそりと昇り始める。まるで「朧月夜」の歌詞さながらの情景ではありますが、眺める少年の心には過ぎ去って行くものを惜しむある感傷、淋しさとも哀しさとも表現出来ないものが胸一杯に沸き上がって来るのでした。

少年の日の甘くそして切ないまでの「惜春」の想いは、幾星霜を経た現在でもなお鮮やかに懐かしく思い出すことができます。

妹の和江から、こんな情景を巧みに織り込んだ見事なパッチワークの壁掛を贈ってもらい、早速壁に飾りました。時折眺めてはいまは還らぬ過ぎ去った日々を、懐かしく思いおこしている次第です。

（平成十六年十月記）

こうして貧しいながらも平穏な日々の生活が大過なく過ぎ去って行き、私の小学校時代もやがて終わりを告げることになります。

いま自分の半生を振り返ってみるとき、私にとってこの小学生の一時期だけが、このあとに始まる太平洋戦争・そして軍隊入隊、敗戦・抑留と続く永い波乱万丈の渦中でのたまゆらの平和、至福のひとときだったように思われてなりません。

両親には男の末っ子として多少甘やかされながらも、慈しみ育てられたように思いますし、多くの兄姉妹達に暖かくかこまれ愛されて、所謂「家庭の幸福」なるものを満喫出来た訳ですからこれにまさる幸せはないと思います。

小学校の期間は祖父の忌引以外に休んだ事もなくお陰で六カ年間無欠席の表彰を受け、またどういう間違いか各学年ともクラスの優等生として表彰を受けましたが、そんな少年も、古い俗諺にもあるように、かつての優等生も六十数年を経過した現今では「ただの人」以下の凡夫になり果ててしまいました。

第三章　付属小・高等科

教師の道を志す

私が小学校を卒業した頃でも、まだまだ中等学校（現在の高校）への進学率は随分と低かったようで、六年一組から十名位が進学したように記憶しております。

その頃の私としては技術系（工業学校）に進みたいという希望があったのですが、家庭の事情もあり、兄達も教員をしていたこともあって一応師範学校に進み教師への道を志したのです。

付属小高等科への編入試験も無事に通過し、初めて念願の付属小学校の門をくぐった訳ですが、明治時代創建の古色蒼然たる旧校舎ではなく、格調高い二階建の新校舎に入れたのは幸いでした。一学年一学級で生徒数は四十数名だったと思いますが、小学六年から繰り上がった生徒が男女各々十名位はいました。私達編入組は東・西臼杵郡をはじめとして各諸県・宮崎郡というように県下の各地区から集まっていましたが、宮崎市内校出身も五、六名はいました。

担任はK先生（一・二年とも）でした。先生にはまことに申し訳ない事ですが私には非常に厳格な先生だったという印象しか残っていません。特に記憶に残っている事といえば、入学してから間もない頃の先生の話です。

それは「君達今度の高等科一年生は、従来の生徒に比較すると質が大いに低下している。師範学校付属校としての品位を落とさないよう気を付けるように」という要旨だったと思いますが、一度ならず二度三度と同じ話を繰り返され、しまいには「自分達は本当に駄目な生徒なんだ」と考えるようになった事もあります。先生としては私達を奮起させると共に、一層の努力を求めてハッパをかけられたのでしょうが、私には正当な理由もなく軽蔑されたようで、大いに自信を喪失する結果となったように思います。

しかし皮肉なもので自信のなさとは裏腹に、通信簿は「全甲」でとおし、順位は毎期ともクラス上位を占めるという良い成績を修める事が出来ました。

その頃の運動会

付属小の運動会は男子師範学校のグラウンドで行われていましたが、あまり思い出す事もありません。しかし男子師範学校の運動会では、今でも脳裏に鮮やかに浮かぶ面白い光景があります。それは生徒全員が上半身裸になり、白地に日の丸の鉢巻きを締めて唄いながら運動場を行進するのですが、その歌が大変なのです。

〽お伊勢さまへ参れ　お伊勢さまへ進め。参れ進め　お伊勢さま　進め参れ　お伊勢さま。
我が日の本は　すめみまの　天降ります国　旭日の　弥栄昇る神の国　弥栄昇る神の国。

お伊勢さまへ参れ（以下繰り返し）

聞くところによりますと、この時の男子師範学校の校長先生も国粋主義の方だったらしく、この歌も校長先生の作詞作曲によるものだったそうです。私も愛国少年をもって自認していた位の堅物でしたが、あまりの表現の仕方に度胆を抜かれ、かえって少々白けた感じを受けた記憶が残っております。

かりそめにもこうした批判めいた思考を持ったとしたら、即非国民のレッテルを貼られかねないような時代だったのですが、兄達はわりとリベラルな考えを持っていたらしく、私はその討論を聞く度に誰かがこの話を聞いて、やかましく言ってくるのではないか、などと心を悩ましたものです。

一般の小学校と違って付属小学校の卒業式は少し早い三月十八日でしたが、その頃校庭の周囲の山桜の花は、薄紅に萌え出した葉とともに、私達の別れの一ページに華麗ないろどりを添えてくれるのでした。

招魂社の思い出

桜といえば招魂祭なども、私にとっては忘れる事の出来ない懐かしいその頃の行事のひとつであります。

現在でも招魂社の位置は変わっていないと思うのですが、周囲の雰囲気はまったくと言ってよいほど変わってしまいました。あの当時は昼なお暗き鬱蒼《うっそう》とした林の中に社があり、一人では入れないような淋しい場所でしたが、今は社の両側に道路が通り間断なく自動車が行き交うという何ともせわしない環境になってしまいました。

招魂祭は男子・女子の両師範学校の合同で開催されておりました。祭の式典には男女両師範学校生徒全員のほか、付属小学校から高等科の生徒が参列しましたが、その時に歌われる招魂祭の歌はいかにも鎮魂の場にふさわしい荘重さと哀調をおびた調べで、難解な歌の詞とともに私は深い感銘を覚えました。今でも漠然と記憶に残っている招魂祭のときの歌詞を書いてみましたが、間違いがあったらご容赦ください。

〽くすしきむくろは　うずむれど　　御魂はここに　ましまさむ
世にある人も　亡き人も　　おなじ心の　友なるを
あな　憂しや　かくぎ世に　　往き交うすべも　あらざれば
あさな　ゆうなに　慕わしき　　御魂を　此処に　まねがいて
供え祀れる　みてぐらを　　聞こし召されと　うたうなり

現在この招魂社には、男女両師範学校を卒業されて故人となられた方々の御霊《みたま》をお祀りしていると聞き及んでおります。

私が付属小高等科に在学の頃、長兄が遅い結婚をしましたので、父と二人で都城市鷹尾町の新居を訪れた事がありました。この時長兄からお土産に誠文堂新光社の「子供の科学」バックナンバー数十冊をもらったのです。

この雑誌は「子供」と名がついていますが内容の程度はかなり高く、私がのどから手が出るほどに欲しかった本でしたから、兄が「今度から自分が読んだら送ってあげる」と言った時はまさに天にも昇る心地でした。そして帰りの鈍行の汽車の中でも、車内の薄暗い電灯の下で時間の過ぎるのも忘れて読み耽りました。

私の「子供の科学」入手の噂は誰言うともなく学級の中まで広がり、I君はじめ数名の友達が我が家まで雑誌を借用に来た位です。私も大半を父から手伝ってもらい、雑誌掲載の「セロファン利用の晴雨計」を製作してみた事があります。

模索と決断と

高等科二年になった頃から私自身に心境の変化が起き始めたように思います。日頃の貧しい家庭が特に貧乏になった訳でもありませんし、兄達も私の進学に対してそれ相当の援助はしてくれる事に決まっていたのですが、私としては「何とか自分の進むべき道を自分自身で決めたい」という衒気《げんき》があったのだと思います。

これからさき師範学校に入って教員になるためには五年間はかかってしまうが、もっと手っ取り早く収入を得る職業はないものだろうか。いずれにせよ少しでも早くそれなりの収入を得るようになって母に楽をさせたい。中等教育の資格取得には専検（専門学校入学資格検定試験の略称。これに合格すると旧制中等学校卒業資格が与えられる）という制度もある事だし、というのが当時の私の偽らざる心境だったと思います。

その頃は「若人の登龍門めざせ逓信講習所」とか「君も憧れの鉄道員になれる」といったような受験のための講義録の広告が、新聞や雑誌に氾濫していた時代で、多くの進学出来なかった少年達にとっての、ささやかな夢と希望の灯となっていたのでした。丁度その頃、次姉の知人に日向住吉駅の助役をしている方がおられ、渡りに船とばかり無理なお願いをしたところ、快く推薦・保証人を引き受けて頂きました。

こうして多少の紆余曲折《うよきょくせつ》はありましたが、私の鉄道員採用試験受験の願も漸くにして実ったのでありました。

それから父と二人で県病院に受験のための診断書をもらいに行き、身体検査を受けました。言語明晰・脊柱正・色神正等々わからない言葉も二、三ありましたが、とにかく合格して一応ホッとした次第でした。

採用試験は付属小高等科を卒業して間もない四月中旬、鹿児島運輸事務所の講習室で実施されました。どんな問題が出たのか、何を聞かれたのか、あがってしまってさっぱり記憶しておりません。

こうして運を天に任せるやら、神頼みをして待つことしばし、ついに五月のなかば頃、昭和十三年六月三十日付けで待望の採用通知が届いたのであります。

第四章　鉄道員への道

鬼莞駅長のもとへ

「小林町駅試傭駅手を命ず。日給九十銭を給す。」というのが、この時の辞令の文面でした。

初任地小林町駅（現在の小林駅）への出頭日までは、まったく新しい人生に直面しての様々の夢や希望にみち溢れた一カ月間でありました。自分で考えているだけではあきたらず、姉や妹達にまでも笑止千万な自分自身の未来の設計図、夢物語を聞かせていたように思います。

そしていよいよ出発の日がやってきました。柳行李と布団袋に衣類や日用品を詰め、リヤカーで駅まで運びました。小林町駅までは父と次姉が付いて行ってくれることになり、汽車には乗らず宮林線の省営バス（国鉄バスの前身）に、荷物も一緒に積んで乗り込みました。そこまでは良かったのですが、途中で気分が悪くなり吐いたりなんかで車掌さんに大変ご迷惑をかけました（この時乗務しておられた車掌さんが、後日復員後の宮崎管理部時代からずっとお世話になってきた萩原三郎氏だったのです）。

当時私の乗り物酔いは市内バスに乗ってさえ気分が悪くなる程で、小学六年の修学旅行の時などは、汽車に酔いまたバスにも酔ってしまい、先生のご配慮で見学個所を割愛して旅館で休んでいた位の、まったく処置なしといった状態でありました。

とにもかくにも半死半生の状態で小林町駅に着きバスから降りました。父と姉は駅長室で駅の幹部の方々に挨拶をすませると早々に宮崎へ帰って行きます。その姿を見送る私の心細い気持ち、何ともはや泣きだしたいような悲しい気持ちだったと思います。

それから駅長室で助役さんからいろいろと話がありました。

その時の駅長は山本莞爾氏（判任官二級）でありましたが、私の第一印象は白髪混じりの髪に太い眉毛、ピンとはねた口髭とメガネ越しのぎょろりと光る鋭い目など、その前に立っただけで震えあがるほど恐ろしかったように思います。後で聞くところによると、この駅長は駅員に対する躾の厳しいことでは管内随一、助役でさえも部下の面前で張り倒す程の豪傑で「鬼莞」と呼ばれる程の有名な駅長だったのだそうです。

この駅長が私の履歴書を手にとってからの第一声は「ふーん近代的な名前をもっとるなあ」という言葉でした。それから助役に筆と半紙を持って来させると、「自分の姓名を書いてみろ」と言われましたので、おっかな吃驚ながら下手な楷書体で名前を書いて差し出しますと、案に相違して駅長は上機嫌で「よしよし。このくらい書けば上等だ」といって褒めてくれました。

その日は駅長の面接がおわり、駅構内の敷地に駅長官舎からはじまり各現業機関の責任者の官舎が続いている一番東の端にある合宿所「青年寮」に連れていかれました。合宿所は入口からはいると板の間「食堂」と炊事場に続いて賄いの小母さんの部屋があり、廊下に面して六畳の部屋が二つありそれぞれ三名の先輩が入居していたように思います。各部屋とも満杯といった事情もあり、私は賄いの小母さんの部屋に同居させてもらう事になったのでした。

いま考えて見ても可笑《おか》しな事ですが、賄いの小母さんといっても随分と若かったように見受けました し、そうしたご婦人と同室に住むことを許された私は、傍目《はため》にも如何に子供じみたものとして映り、且つ絶対安全と思われたのでしょうか。

実はこの時私は満十四歳六カ月になったばかりでしたが、当時は別に年令にこだわるというような事もなく、まして若年労働の禁止云々というような法律が制定されない以前の事でしたから、これでも一人前の労働力として十分通用したのであります。

この賄いの小母さんからは、肌着の洗濯から食事の世話まで本当の子供のように可愛がられましたが、お陰で他の合宿生からは妬まれ、いろいろ陰口を言われ、いじめられました。

ここでまず苦労したのは、難解きわまる小林弁（都城・諸県方言）がわからない事でした。わからないで聞き返すと怒られ、それが嫌さにわかったつもりでいると、とんでもない勘違いだったりして、また怒られるという繰り返しだったようです。

それに泣かされたのは、自転車に乗っての駅留め荷物の「到着通知作業」でした。今でこそ各戸に電話があるのは至極当然のことですが、その頃はまだまだ電話は希少価値があり、電話による到着通知などはとても考えられない時代でした。そんな訳で到着荷物のお知らせは、その殆どが自転車に乗っての「口頭通知」だったのです。それに自転車といってもそれ程一般の家庭には普及してない頃の事ですから、当然私も数回乗った事はあるものの完全に乗りこなすまでに練習をつんでいませんでした。おまけに駅の備品の自転車は、大人でもやっと脚が届くような二十八インチ車なのです。その頃チビだった私は、乗るときは壁などにつかまって乗り、降りるときは自転車を倒すようにして飛び降りていたものです。

今でもその時の痛さを再現できそうですが、小林町役場(市制施行前)のそばの一メートル以上の深さのあるコンクリートの溝にブレーキを掛けそこねて転落しあちこちに打撲傷を負い、痛さをこらえ泣く泣く自転車を押して駅まで帰ったこともありました。

小林というところは霧島山系の裾野の一盆地です。小林町駅は「雲に聳ゆる高千穂の」でお馴染みの、高千穂峰を真正面から望める所にありましたから冬の冷込みは格別で、霧島連山から吹きおろす冷たい空っ風は特に風通しの良い駅構内では骨身にしみました。

温暖な気候の宮崎市とは環境もまったく違い、その上馴れぬ洗濯や薪割、油まみれのポイント(転轍器)掃除等など、お陰で手足ともシモヤケで腫《は》れあがり、痛いやら痒いやら沁々過ぎし日の我が家での団欒の日々を思い出しては一人涙を流したものでありました。

そのほか防空演習中の貨車入換え作業中の失敗談や、風呂が時間までに沸かないというので、折柄通学通勤客で大混雑の駅のホームで、乗客の面前で殴られた話等々、苦労話には事欠きませんが、駆け出し時代については別記の「三十年の思い出」にも書きましたのでここでは省かせて頂きます。

しかし辛い思い出ばっかりという訳でもありません。昭和十四年二月十一日の紀元節の当日、省営バス小林派出所の萩原・湯之上両先輩と一緒に、狭野口から夜来の積雪をものともせず、白銀に輝く高千穂峰に登りご来光を拝んだ爽快な思い出もあります。

この血のにじむような苦労の日々が過ぎ行き、私の仕事も単なる清掃屋だけでなく貨車入換作業から改札見習、小荷物荷扱いと次第にレパートリーがひろがり、どうやら曲がりなりにも一人前の駅員になれたかなと思われるようになりました。そんな昭和十四年の四月、今度は志布志線の日向北方駅に転勤になったのです。

日向北方駅あれこれ

日向北方駅初荷風景（1941.1.3 撮）

志布志線は当時は都城を起点とし志布志を経て終点油津に至る路線でしたが、鉄道の規格では簡易線と称し甲乙丙線とある鉄路の番外、つまり一番下のランクで、その中でも日向北方駅は両隣の日向大束駅と福島仲町駅（現在の串間駅）の閉塞区間の中にある信号機の設備もない小駅でありました。ですから難しい閉塞方式の取り扱いがなく、上り志布志行・下り油津行の列車が来る度毎に一本のホームの左または右に列車を入線させるため、線路の分岐点にあるポイントを切り替えるだけでした。

配置駅員は駅長・助役・駅手のたったの三名、そして実勤務人員は当務駅長と駅手の二名だけでした。

その時の駅長はB氏（判任官五級）でしたが、背が低く痩せていて制服がダブダブだった事と、鼻の下のチョビ髭が特に記憶に残っています。小さな体で四六時中こまめに狭い駅の構内を歩き廻り、何か見つかるとすぐ事務室の黒板に指示を書くので嫌いでした。例えば「便所手洗水切れ」とか「待合所ゴミあり」といった具合です。

駅長官舎は駅舎のすぐ南側にあり、家族は奥さんと志布志女学校に通学する娘さんでしたが、長男は鉄道学校を出て鹿児島地区の某駅に勤務しているとのことでした。その頃の習慣としては当然の事だったのでしょうが、駅長官舎の風呂の水汲み、薪割り、焚付け等の雑用はすべて駅手である私の担当となっていたのです。

もう一人の上司である助役のI氏は長身で痩せ形、笑顔をみせたことがなく体をぎくしゃくするような歩き方をする人でした。下り日向大東駅方面の穂佐が原に通ずる踏切の傍の宿舎(借上宿舎)に住んでいました。駅長との仲があまり良くないというのは部内外を問わず周知の事実で、よく酒を飲んでは私などにも駅長の悪口を言って欝憤を晴らしていたようでした。

なにしろ出面《でづら》二名ですから、列車の到着する頃になると待合所のお客さんのこみ具合を見ながら仕事を進める事になります。お客さんが多ければ早めに切符を発売するのですが、これも出札と同時に改鋏で切符に鋏を入れて渡し出札・改札の二役を一人でこなします。

それが済むと今度は発送荷物をリヤカーに積み込んでホームに渡り、列車がつくと荷物の積み降ろし作業を手早く済ませ駆け足で改札口に戻って、列車から降りたお客さんの集札業務を行います。この集札が済んでから、やっと到着した荷物をリヤカーで駅舎まで運ぶといった具合の、まことに慌ただしい仕事の明け暮れでありました。

またこんな事もありました。夜来からの暴風雨が降りしきる早朝、当務駅長のI助役が上りの通過貨物列車が入る時間になっても出てこないのです。列車受は当務駅長の務めとなっていますがこの際止むを得ません。私は腹を決め雨合羽の頭巾を目深にかぶり駅舎の前に直立し青色の合図灯を上下に振りながら、折からの豪雨の中を速度を落としつつ入線してくる機関車に向かって「列車通過異常なし」の合図を送り続けたのでした。一瞬白い軍手の機関助士が敬礼するのがちらっと見えたと思うと、列車は速度を上げて無事ホームを通過して行きましたが、この時ばかりは肝の縮まるような思いでありました。

この志布志線は昭和十二年四月に大堂津と油津の間が開通し、志布志・油津間を列車が運転していましたが、列車種別は殆どのものが客車の後尾に貨車を連結している混合列車で機関車はC56型でした。C56型はC12型タンク車を改良したテンダー機関車で、簡易線でよくある背行運転の時などに、機関士の視野が妨げられないよう炭水車の両側が斜めに勾配がつけてあるのが特徴でした。

この駅は当時の北方村(現在は串間市)にありましたが、上り方面ポイントのすぐ下を流れる上町川の向こうはもう福島町上町となるのです。また駅のホームに立って下り方面を眺めますと、一直線の遥か彼方で線路が坂に上って行くのがはっきりとわかります。この坂を越えた辺りはもう隣の大束村(現串間市)なのですが、雨の時など動輪のスリップと出力不足で機関車がこの坂を上り切れず、何度か蒸気をあげては仕切り直しをする事も度々ありました。

駅の構内には幅約二メートル、長さ七十メートル程の弓なりになった短いホーム一面があり、その両側には列車発着用の本線がそれぞれ一本ずつありました。貨車の積込み用としては、貨物素倉《すぐら》に荷役用のホームがあり貨物側線が一本通っていました。

この駅が他駅と違っているのは、砂利採取用の側線を持っている事でした。I助役の宿舎の近所のポイントから分岐した砂利線は、急勾配で上町川の近くの川原にある砂利集積場まで延びていました。ある期間を設定してダイヤが組まれ運輸事務所所報にも掲載されて、此処から砂利散布列車が運行し管内の各線路に保守用のバラストが散布されていたのです。

この砂利側線では貨車数両が滞留中、サイドブレーキ故障からか、或いは人夫の不手際からか急勾配を転げ落ち、うち二両の貨車が脱線し川に転落するという事故が発生した事があります。幸い作業していない時で怪我人はありませんでしたが、たまたま非番日の私まで召集されて一時は大騒動でした。

話が前後しますが、私も転勤してきた当時にとんでもない失敗をした事があります。前にもちょっと話したように上り方面の標識付転轍器「本線路切替用ポイント」からすぐ向こうは上町川に架かる上町鉄橋となっているのですが、上り列車を送り出したあとで、とことこ歩いてポイントを下りに切替えに行くのが面倒なあまり、列車の後尾の貨車に飛び乗りブレーキを掛けるときに使う踏み台に足を乗せてポイント近くまで行くことにしたのです。ところがその列車の加速が予想外に速く、飛び降りようにも降りられなくなり、瞬く間に鉄橋にさしかかるといった状況で、遂に約十分程貨車にぶら下ったまま隣駅の福島仲町駅まで行き、皆から大笑いされた事がありました。

そういえばこの転轍器掃除も悩みの一つでした。小駅ですからポイント数も標識付二個錘柄式（通称ダルマ）しかなかったのですが、レールを滑らかに移動させるための鋼鉄板面をピカピカ光るように磨き上げ、また常時その状態を保たせる事などおよそ至難の業で、駅長の例の癖「ポイント油切れ」とか「ポイント錆あり」などを黒板に書かれないようにするためには相当の時間と労力が必要でした。

駅周辺の人々

話は少しさかのぼりますが、私がこの駅に転勤してきてから、まず問題になったのは食う処と寝る処の心配でした。一応駅長と助役と話し合ったあげく、三度の食事は駅から百メートル程の所にあった「丸屋旅館」に、寝る場所は駅広場の土手下の空家の二階ということに決まったのです。

丸屋旅館は名前だけの駅前広場をだらだらと下り、狭い国道を右に折れるとすぐ古川方面へ行く道の角に建っている二階建の家でした。ご主人はもういい年配で、頭は顔と境目が判別できない位てらてらと光り、飄々として好々爺といった顔立ちの大男でした。女将さんは如何にも水商売あがりと判るような髪を結った四十がらみの小柄な人でしたが、両こめかみに何時も頭痛膏を貼っていたことや、顔に似合わず物凄く口が悪かったことが妙に印象に残っております。

ここ北方村の駅の近くには近郷でも有名な馬市が立ち、全国の各地から入り込む博労《ばくろう》さんや馬主の人達で駅の乗降人員も増加し、買い付けた馬をワム・ワキと称する有蓋貨車で送り出すため、小駅としては珍しい位この時期は貨物収入があがったそうです。こうした事情でこの辺りの旅館は定期的に訪れる商人達や、馬市関係のお客さんが常連となっていたようで、女中さん達も何となくそれらしい人達が多いように見受けました。

そういえばこの丸屋旅館では面白い体験をした事がありました。たしか九月の中旬頃だったと思いますが、列車の間合いを見はからって豪雨の中を旅館に行き準備してあった簡単な昼飯を食べ始めたとき、まったく突然ざぶざぶと音をたてながら旅館の土間に水が溢れだしたのです。オヤッと思う間もなく、通りに面したガラス戸越しに泥水が湧きだすように増え続け、女将さんは例の金切り声でわめきたて、女中さん達は裸足でお腰を捲くり上げて片付けに大わらわ、旦那はと見ればそんなあられもない姿の女中さん達のお尻を片っ端から触ってはその嬌声を喜んでいるのでした。

こうした上町川の氾濫は必ず年に数回はありましたが、幸い駅は道路から二メートルは高くなっていたので心配はありません。しかし国道沿いの家々は軒並み床上浸水するところが多かったようです。

駅に一番身近な人といえばFさんです。この人は駅前通りで日本通運（丸通）の仕事をしておられました。到着手小荷物の配達や到着通知、貨車の積み降ろしなどの労働作業から、貨物通知書の発行などの机上事務に至るまでテキパキ朝から晩まで働いていたようです。ただ料理屋遊びが大好きとかで時々羽目を外しては奥さんから怒鳴られ、さすがの彼もこの小太りの奥さんには何時も頭が上がらなかったようでした。

到着貨車の積荷の大半は肥料、発送貨物は馬市シーズンを除いては殆ど米ばかりでした。貨車の積降ろしの時はFさんが常傭している仲仕作業の人達が来るのですが、これは近郊の農家の人達が多かったようです。

常連は「仁市ぼい」と皆から呼ばれていた仁市という気のいい小父さん、以前は上方の紡績工場で働いていたという年の頃二十代後半位の割と小綺麗な娘さんの二人連れ、それに駅前通りの蒲鉾屋のK青年といったメンバーでした。私も若気の至りから皆から煽てられては、六十キロ叺入の米を担いで積込み作業を手伝ってみた事も時々ありました。

K蒲鉾屋の店主はFさんの親友で、当時この地区の青年団の団長をしていたように思いますが、若いのになかなかしっかりした話をする人でした。その人の弟が前に話したK青年なのですがちょっとした文学青年だったように思います。書籍などもかなり読んでいる模様で、藤村詩集の中の詩などをよく私と暗唱くらべなどした位でした。

駅の向かって左は又木タバコ店でした。高砂の翁媼のようなお爺さんお婆さんの夫婦と女学校を卒業して代用教員をしているとかの孫娘が住んでいました。

おしまいは上町の旧家T家のことです。昔は酒の醸造家か豪農だったか失念しましたが、当主は帝国貴族院議員にその名を連ねる名士なのでした。その家は櫓門や白壁の土蔵がある豪邸だったように記憶していますが、私はご一行が所謂お国入りの際、列車で日向北方駅に下車して実家に帰られる時、集札口で一回だけお会いした事があります。T氏はもう七十を越したご老体なのに、同伴の奥様はまだ三十四、五歳位に見える美人だったので驚きましたが、後で地元の古老からT家と奥様の実家とをめぐる様々な経緯を聞くに及び、心からこの奥様の境遇に同情した次第でした。

日々の生活から

その頃の私にとっての日常生活の基盤、憩いの場所といえば、毎月一、二回の休日を除き何時も寝泊りしている駅の宿直室でした。

最初この駅に来た時、駅前広場の堤下にある空家の二階に住まわせて貰うことになった事はお話ししましたが、実はこの家の一階は数年前の洪水時に床上浸水をして以来、とても人が住めるような状態ではなく荒廃したままでした。家主さんは同じ敷地の国道に面した側に別の家を建てて住んでいましたので、私が自分の住むべき空家の二階に行くためには階段は使えず、駅前広場から直接空家二階の廊下に渡した幅三十センチ位の厚板を軽技のように渡らねばなりません。こんなことで住居となるべき八畳の部屋は単に荷物の置場にしか過ぎず、部屋の掃除も月に一、二回。止むを得ず寝る時だけちょこちょこするだけでした。

そんな理由もあって、たまの休日には戸外を出歩くことが多かったと思います。隣の福島仲町駅まで汽車に乗って行き、まず町でただ一軒の福島高女前の本屋で円本（当時文芸誌は定価一円内外だったので円本といった）数冊を買い、菓子屋で買った駄菓子を頬張りながら、上町川沿いに起伏した畑の中の小道を北方村まで帰ってくるのです。

昭和十五年春の或る日、例によって本を買い、いつものコースを通り麗らかな川辺の土手に腰を下ろしてひと休みすることにしました。柔らかな蓮華の絨毯の上に寝ころんで本を読みながら、ついうとうとしているうちに何時の間にかぐっすり眠り込んでしまい吃驚して目覚めた事もありました。おかしなことに今でもその時に読んだ佐田稲子著『素足の娘』の本の表紙の美人画などはっきりと憶えています。

私がこの駅に来てから暫くして駅員講習会というものが始まり、当時この線区の幹事駅であった志布志駅構内の講習室で、月一回開催されていました。勿論自分の休日を利用しての出席でしたが、出席者のほとんどが同年輩という気安さもあって、毎月開催日を楽しみにしていたものです。

午前中位で講習が終わると、皆で駅の北側にある志布志の町並と港が一望出来る丘に登り、海を眺めながら握り飯弁当や菓子を食べたり、軍歌を歌ったりして楽しんだものでした。

そして帰りの列車では、決して褒められないような変わった冒険をしたものです。列車が志布志を出ると次は大隅夏井、この間列車はおおむね海岸線にそって走りますが、大隅夏井駅を出てからは緩い勾配の起伏が続きますので、次の福島今町駅までの七・三キロの区間は、機関車C56の出力がぐっと落ちるのでした。私達は列車の速度の落ちたのを見計らい、四、五両編成の客車の最前部のデッキから線路の上に飛び降り、今度は再び最後部客車のデッキに飛び乗るという冒険を繰り返し、この区間で誰が何回出来たかという事を互いに競いあったものです。

そのほか唯一の娯楽としては活動写真「映画」がありましたが、映画館は福島仲町にしかありませんでしたし、わざわざ汽車に乗ってまで見に行く気にもなりませんでした。しかし当時全国子女の紅涙をしぼったと言われる「愛染かつら　前後編・完結編」が仲町の映画館で一挙上映されるという時は、終列車を送り出してから数人で線路伝いに二・五キロを歩いて見に行き真夜中過ぎに帰ってきたこともありました。

このように日向北方と福島仲町との駅間距離は僅かですが、国道を通っていくと小一里はあろうかという距離になります。駅を出て現在の国道二二〇号線を南へ上町川に架かる上町橋を渡ると、もう福島町上町です。上町は一筋の町並みがおよそ一キロつづき末は次第に登り坂となり、昼なお暗き杉の大木の並木が道を覆うような急坂がLカーブで方向をかえ、国道は高い台地の畑のなかの一本道となって仲町へと向かうのです。この坂の頂上付近は旧藩時代の仕置き場だった由、その昔処刑された生首などが並べてあった事などを考えるとぞっとします。

それからあまり思い出したくないのは癩《らい》患輸送です。癩とは、今でいうハンセン病のことです。現在では有効な治療薬が開発され、後遺症を残さずに治すことができるようになりました。しかし、現在と違いこの病気に対する正しい認識にも欠け、人権云々という事もなかった当時では患者に対する偏見も強かったように思います。

たしか年に数回特別ダイヤが組まれ、北郷駅から国立癩療養所の至近駅の鹿屋まで患者輸送用の特別列車がこの駅を通過するのです。使用される車両は軽便鉄道で廃車される客車よりなお粗末なもので、人の気配すらなく窓などは全部内側から目張りしてあり、私達は葬列を送るような気持ちでこの通過列車の送迎をしたように思います。

雇試・専検めざして

やがて季節は冬から春へと移りゆき、私の勉学への道もそれなりに順調に捗り、そして遂に六月中旬の某日、都城職員集会所に於いて本年度の雇員資格試験が実施されることになったのです。

いよいよ試験の当日、絶対あがらないように深呼吸を何回もして会場に入ったのですが、予想以上に多い受験者数とそれらの人達皆が出来そうな顔に見えてきて、折角の自信の程も薄らぎそうになりました。

試験は運輸規程・運転法規・鉄道一般・作文といった予想どおりの出題範囲でしたから、一応全部出来たという自信はありました。しかし次から次へと疑問点が出てきて、合格発表があるまではまったく疑心暗鬼の状態でした。

とにかく部内の試験はその成否は別として終わりました。おつぎは秋九月に実施される「専検」への最初の挑戦です。蛇足ですが、私の記憶の範囲で当時の「専検」制度を説明しますと、広く門戸を一般に開放した中等学校卒業程度の学力認定制度で、学科別に二十四単位の受験科目があり、各々六十点をクリヤーすると単位の取得ができ、この実績を積み重ね全単位の合格を達成した時点で、資格の交付という事になっていたと思います。

雇員資格試験に好成績を収めた余力を駆っての、初めて経験する「専検」への挑戦でしたが、驚く勿れなんと二十四科目中の十八科目を制覇し、我ながらあまりの成果に思わず快哉を叫んだ程でありました。

自慢話ばかりが続きましたが、ついでにもう一つだけ。当時は志布志線を始め管内各駅とも駅連合区という組織を持っていました。そして鹿児島運輸事務所が実施する様々な職種別の実務競技会に代表選手を送っていましたが、私は第一次乙種貨物競技会に出場の結果、小駅出身ながら志布志駅連区代表に選ばれ、十数日後鹿児島で開催された第二次競技会には雇員の先輩方に伍して見事三位となり初めてB駅長からお褒めの言葉を頂いた事があります。乙種競技会は貨物掛の職名以外の貨物事務取扱者だけの競技会で中間駅の担当駅務掛などが多かったようです。

私の気持ちもこの頃は漸く余裕が出来始めましたが、この年の秋もなかば福島港高松沖「志布志湾」に帝国聯合艦隊が入港停泊するということで、日通のFさんや丸屋旅館の人達と一緒にわざわざ福島今町まで軍艦を見に出掛けたこともあります。

たまたま受験雑誌「鉄道青年」の読者俳句欄に、「芳草」という俳号で一句を投稿したところ、どうした間違いか自作の句が活字となって紙面に掲載されるというハプニングがあり、このことが私の俳句に興味を持つようになるひとつのきっかけになったのかもわかりません。その記念すべき一句は次のようなものだったと記憶しております。

「夕立や　土の匂いの　ほのかなり」

しかし肝腎の試験合格者の発表は、待てど暮らせど音沙汰なく、以来毎朝指定列車で送付される日報袋から運輸事務所所報を取り出しサッと辞令欄に目をとおすのが習慣になってしまったほどです。

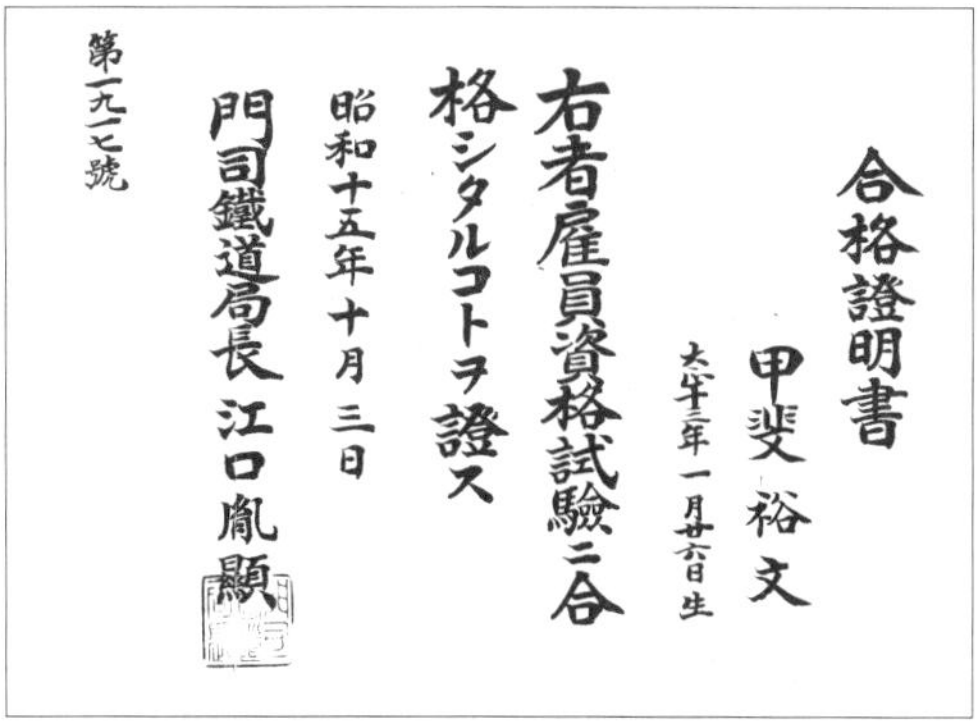

合格證明書

甲斐裕文

大正十三年一月廿六日生

右者雇員資格試驗ニ合格シタルコトヲ證ス

昭和十五年十月三日

門司鐵道局長 江口胤顯

第一九一七號

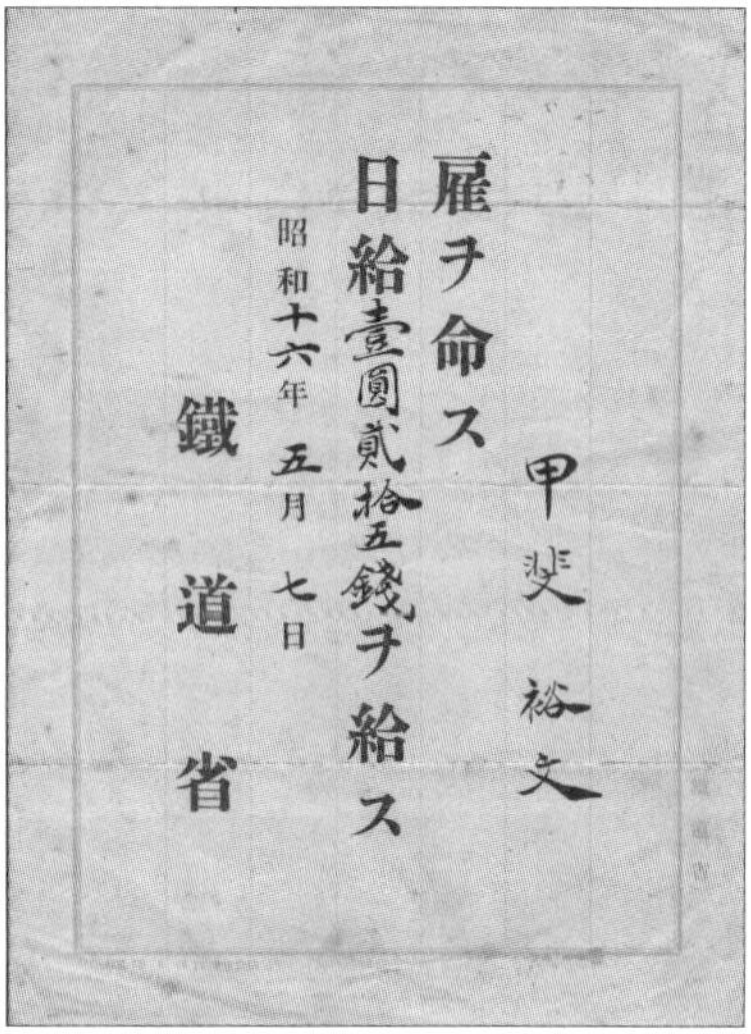

甲斐裕文

雇ヲ命ス

日給壹圓貳拾五錢ヲ給ス

昭和十六年五月七日

鐵道省

門司鉄道局の雇用合格証明書（上）と支給額辞令（下）

ところが遂に十月三日の所報に、同日付けをもって、本年度雇員資格試験合格者十数名の氏名が発表されたのです。そして私の名前も間違いなく掲載されているではありませんか。この喜びはまさに「筆舌も及ばず」というところでした。

その当時の傭人から雇員への身分昇格は、いわば旧幕時代に草履取が士分に取り立てられるようなもので、まず手職から掛職となり、給料も日給制から月給制に、制服は銀ボタンごつごつの小倉服から金ボタンの紺サージの服に変わり、しかも袖には階級を誇示するように一本の線「袖章」が縫い込まれている。といった具合に外観から見てもその格差は歴然と判ります。手職とは駅手・列車手・炭水手など職名の下に手がつく下級職をいいます。

その後何回か昇職試験も経験しましたが、今でもあの時の合格の喜びに勝るものはなかったように思います。

この時志布志駅連合区から私のほか、岩川駅のT・T君、日向大束駅のT・Y君が合格し雇員登用同期の友となりましたが、惜しむらくはお二人とも既に鬼籍の人となられました。

第五章　新たなる門出

新しい出発点

雇員資格試験に合格しても登用発令されるまでは、勿論何の待遇の変化もないのは当然の事ですが、しかし自分自身気分の高揚は抑え難く、これ以来どんな仕事をするにも張合いが出てくるのは不思議な位でした。そして小倉の制服のかわりに、私費を投じて調達した黒のサージ服を着用し、憧れの雇員の身分を味わったものです。

年も明けた昭和十六年の四月、遂に人事異動の内命を受ける日がやってきました。その時に担当の方から「胃腸は丈夫だろうね」という質問がありましたので、思わず「ハイ」と答えたのですが、この質問の意味は後で十分に思い知る事になるのです。

そして旬日のうちに正式の辞令が伝達されましたが、この辞令は昭和十六年五月七日付、門司鉄道局長名によるものでした。

雇を命ず　日給一円二十五銭を給す

都城自動車区自動車車掌を命ず　飫肥在勤を命ず

そもそも当時の鉄道省が、鉄道のほかに自動車事業を直営するようになったのは、大正十一年に鉄道敷設法の制定による膨大な鉄道予定線が出来たことから始まるのです。そしてこの鉄道新線建設による国家財政の緊迫化が懸念されたため、「一部の新線を自動車で代行させる」という事になった訳でした。

昭和五年十二月岡崎・多治見間「岡多線」六十五・八キロがこの嚆矢となり、鉄道省直営いわゆる「省営バス」第一号の誕生となった訳であります。「省営バス」の愛称は戦後の二十一年二月に「国営バス」の呼名にかわるまでの十五年間、地域の人々から大いに愛され親しまれたのは周知のとおりです。

宮崎県下では昭和九年十月一日に宮崎・小林間五十キロ「宮林線」の開業に続き、昭和十年十一月一日に都城・飫肥間四十八キロ「都城線」が、飫肥・油津間六キロは十五年四月開業しています。

ことのついでに、暫くの間この物語の舞台となる省営バス・都城線のプロフィール等について紹介してみたいと思います。この路線は国道二二二号線の起点、都城市の都城駅から神柱神社前をとおって市内の繁華街広口から西都城駅に入ります。そして再び市役所前に出てから中郷村へと入り、藤田《つだ》の松並木を過ぎて馬越《まごえ》から委託駅のある安久の町並みに着きます。

この集落を出ると次第に上り坂となり、安久温泉を左下に見ながら険路はやがて鼻切峠へとさしかかるのです。この峠は金御岳などとともに都城盆地を取巻く丘陵の一角に位置し、峠を越して暫く下るとやがて鹿児島県曽於郡に属する高岡口駅にでます。

更に下って行くと中郷二俣駅に出ますが、ここから御所ノ谷・鍋ノ谷の柱状節理岩の長い峡谷を通り抜けると、路は再び次第に上り坂となり、特に中尾平野・上尾平野の集落をすぎる頃から急坂・急カーブの連続する難所を登りつめ、ようやく上熊峠に辿りつくのです。この峠からは都城方面への眺望がよい事でも有名ですが、北諸県郡中郷村と南那珂郡酒谷村との境界線（現在は都城市と日南市の境界）でもあり、頂上の上熊トンネルを抜けると、今度は昼なお暗く茂った林の中の羊腸の急坂を山城谷・上重手駅と下りに下り、やっと着いた平地の集落が上白木俣駅でした。この上白木俣から数キロほど山麓に入り込んだ新村には、営林署（官業）の大きな貯木場がありました。

次の下白木俣駅から路線は酒谷川の流れに沿い、小布瀬の滝で有名な小布瀬口駅から深瀬の二つの吊り橋を渡り、桃の木小学校前の桃の木駅から鯛の子を過ぎ委託駅日向酒谷に着きますが、ここには酒谷村の役場があり村の中心でもありました。さらに栗嶺・山の口橋駅と過ぎて行き、いよいよ楠原から周囲に川を配した飫肥城下の町並みに入ることになります。

「注」この文中「駅」という名称は省線の駅名を除いて、みな省営自動車時代の呼称です。現在の「バス停」とご理解下さい。

私が着任した当時の飫肥駅は飫肥の本町の東端にあたる稲荷橋の近くにあり、県営鉄道時代のままの駅舎でしたが、狭い構内には終点の駅らしく手動の機関車転車台の設備までありました。

従来この飫肥駅から油津駅に至る狭軌の線路を、鉄道省が買収した当時その侭の可愛らしい姿の機関車が客車を牽引して運行していたのですが、この年の十月二十八日の志布志線北郷・油津間開通に伴い、稲荷橋の東側に新設された近代的な駅に移転しました。省営バス路線はこの飫肥駅から、新しく延長された星倉・仮屋講・山瀬口を経て終点油津駅までの区間六キロを加えると、計五十四キロにも及ぶ長い路線なのでした。

私達自動車々掌の使命は、自動車に乗務して旅客の案内・乗車券の発売・安全運転の補助等の作業をすることで、列車運転法規関連事項を除けば、基本的には列車々掌の職分と何等変わらないものでした。今までの民営バス会社におけるバスの車掌の通念からいえば大半が若い女性であり、運転手に従属した補助者的役割にしかすぎない職種だったと思いますが、鉄道省では新設の省営自動車々掌職務を、列車乗務のそれとほぼ同等のランクにおき、雇員初任者の階梯職としたのでした。

しかし「省営バス」は発足以来日も浅く、その為当時の運転士は民間からの採用者が殆どでしたから、人によっては従来の考えで私達車掌に接する者も数多くいたように思います。そしてこんなことが原因で私達はプライドを傷つけられること著しく、いつも車掌・運転士間のトラブルの要因になっていたようです。

ところでこの飫肥駅は判任官の駅長に雇員の助役一名、その他の駅員は皆傭人ばかりでしたから、私達新任の車掌でも随分と幅が利いたように思いました。

初乗務は飫肥から都城までの一往復でしたが、途中で猛烈な車酔いにかかり、めまいどころの騒ぎではなく、その都度お客さんに断ってバスを停めて吐く、あげる、また吐くといった有様で、しまいには吐くものすらなくゲーゲーいうのみの苦しさを何度か経験し、つくづく辞令拝命の時の「あのひと言」の真意を悟ったのでありました。この車酔いの苦しみは乗務を終わっても夜に布団に入っても収まることなく、目を閉じると部屋中がぐるぐる廻るような感覚を数日間は味わったように覚えています。

しかし慣れとは恐ろしいもので、何回かの車酔いを経験するうち次第に幼年時代からの車に対するアレルギーが消滅してゆき、かえってあのガソリンの独特な臭を好ましく思うようになってきたから不思議です。

省営バス使用の車両と製造メーカー

車　名	最長（m）	最大幅（m）	製作所
ふそう	7.1	2.19	三菱造船
六　甲	6.2	1.98	川崎車両
イスズ	5.9	1.95	仝
スミダ	6.5	2.00	石川島自動車
（参考）最近のJRバス・7型	11.98	2.49	

都城自動車区飫肥在勤に配置された車両は「ふそう」C型二両だったと記憶していますが、本区には「ふそう」の他に「スミダ」「六甲」「イスズ」等の車両もありました。

「ふそう」は当時のバスでは最も大型で馬力もあり、登坂力もかなりのものでしたが中には苦労させられた車もありました。確か「ふそう」のC三一〇八か三〇〇八号車だったと思いますが、運転中に第三速（サードギヤ）が抜けるという悪い癖があり、平地では気にならないのですが、上熊峠を登るときなどは抜けるのを防止するため、運転士の傍らで絶えず変速槓桿《こうかん》（チェンジレバー）を前方へ押し続けなければならないのが最大の苦痛でした。運転士のなかには自衛策として、タイヤチューブの紐でフックを作り第三速の時はこれに引っ掛けるというアイデアを実行した人もいました。

当時鉄道省は国家的見地から、国産大型自動車の規格統一を図り、各社こぞって新車の開発と製作に懸命でしたが、当時の省営バスに使用された車両と製造メーカーを、私の知っている範囲で書いておく事にします。

省営自動車は当然のことながら、その制度面にも鉄道のものを踏襲していましたから、駅名標（バス停）の様式も省線の駅同様二本足の標識で、掲示時刻表には上下バスの時刻に加えて御丁寧にも三分以内の早着発はある旨の断わり書きまでしてありました。

省営バス
都城線の沿線風景

中郷村藤田街道の松並木
当時はかつての島津藩の参勤街道らしい風情が残っていた

上熊隧道の中郷村側　南那珂郡酒谷村との境界

南那珂郡酒谷村　深瀬の吊り橋

飫肥町前掲（手前は稲荷橋と南明館 1941.10 撮）

飫肥本町
旧飫肥駅と当時の最新鋭ふそうC型車

「安全・正確・迅速」が省営バスのキャッチフレーズでしたが、やはり当時のバスはガソリン車でもよく故障しました。こんな時に活躍したのが車掌の携行品のひとつ携帯電話機です。

　これは通信区職員が作業用に持って行くものと同一規格で、なかなか重たいものでしたが、私達は始発時には必ず点検のため電話交換室宛ての試験通話をして、電話機の機能をチェックしていたものです。

当時はおおむねバス路線に沿って、延々数十キロにも及ぶ専用通信線用の電柱が設置されており、凡そ五百メートル毎の電柱に地上一・五メートル位の所まで碍子で電線が延長してあります。この碍子《がいし》に携帯電話機のコードを接続し、事故発生の場合等には遅滞なく関係各所に急報出来る体制がとられていました。

当時の飫肥の車庫は実に素朴な建物で、丸太の骨組みに屋根も周囲の壁もみなトタン板張り、カーワッシャー設備はありましたがシャッターなどはなく、雨露をしのぐ程度の設備にしか過ぎませんでした。車庫の東の片隅に矢張りトタン壁の一区画があり、仕切りの奥はタイヤ倉庫になっていました。手前のスペースには机が一脚と鉄道電話が二つ、椅子二脚が置いてありますが、ここが私達乗務員の始業、終業の際の電話報告や乗務日報を作成したりするための、唯一の事務室なのです。

乗務が終わると運転士は終業点検を済ませ簡単な洗車を終え日報を書き電話報告で終わりですが、車掌の方はそうは行きません。まず発売した乗車券の集計・運賃額の再調から始まって現金精算・引継書作成及び便別旅客状況報告等の作業を済まし、収入金を金嚢に入れ封印をして飫肥駅の金庫に預けてから、やっと車内の清掃に取りかかれるのですから、馴れないうちは本当に大変な仕事でした。

城下町の青春

新しい仕事の話も一段落つきましたので、今度はこの飫肥の町の様子や身辺の出来事など書いてみたいと思います。

飫肥在勤の車掌は前からいたMさんの他は、鹿児島鉄道学校出身のH君と雇員試験同期のT君、それに私の四名で、私達はちよっと年上のMさんのほか皆おなじ年齢でした。

今度の下宿先は、さっき紹介したばかりの車庫と道路をはさんで真向かいの末広旅館です。勿論高級旅館などではなく商人宿といった雰囲気のところでしたが、同年の三人とも酒谷川を見下ろす二階の一室に起居することになりました。

末広旅館の主は、宮崎市末広町の出身という元気だが少々口のうるさいAばあちゃんと、仕込み・料理その他の一切を取り仕切るのがBおばちゃん。この人はAばあちゃんの長女で戦争未亡人、小学校の娘さん二人がいました。私達の面倒を一番よく見てくれた人でした。それから長男（陸軍下士官・当時は応召中）の嫁さんのCおばちゃん、この人は小太りの人で、小さな男の子が一人いたと思います。結婚までは陸軍病院の看護婦をしておられたということでした。次が次男（海軍の下士官で応召中）の嫁さんのDおばちゃんで、背のすらりとした古典的な顔立ちの仲々の美人だったと思います。

このような老若四人のおばちゃん達が、仲良く力を合わせて旅館を経営していたのですが、私達にとってても本当に気兼ねなくもの言える、いわば家族同様の付き合いをさせてもらったようで、今だに有難く思っております。しかしその反面、お客さんが予定外に増えた時などは、二階の部屋を明け渡し階下の広間に疎開した事も度々ありました。

旅館の裏手に出るとすぐに石積みの護岸で、酒谷川の清流が穏やかに流れ、川向こうの緑の土手越しに飫肥の今町の家並みが望まれる眺めのよい場所でした。また旅館の少し下手に低い堰がありましたが、そこで魚をとる子供達のざわめきや川の真ん中での投げ網を打つ音、などなど本当にのんびりとしたあの頃の風景を今も懐かしく思い出します。

飫肥は伊東氏五万一千石の城下町として古くから栄えてきた町で、飫肥城跡をめぐって大きく蛇行する酒谷川が町を囲み、天然の要害となっています。

都城方面から国道二二二号線を楠原に入ると付近に明治の功臣・小村寿太郎侯の墓地が、更に本町橋のたもと報恩寺口には伊東家累代の廟所があります。この本町橋から真直ぐに商店街をつらぬく道の両側の町並みが、いわば飫肥のメインストリートでバスの路線でもあり、その東の端が稲荷橋。この橋を渡るともう飫肥駅のある星倉地区となります。

町並みの南側は旧町家・商人街となり、北側の城跡下一帯は旧武家屋敷で石垣、薬医門、漆喰壁などに今でも往時の面影が偲ばれるほどのたたずまいです。飫肥城跡の東のはずれに今町がありますが、ここは昔は唐人町と言われた商業の中心地だったそうで、この今町橋を渡るとすぐに新しい飫肥駅につきます。

飫肥城は島津氏と争いの絶えなかった伊東氏が、秀吉の九州平定後ここに封じられて以来十四代二百八十年間もの長い間、伊東氏の居城として明治まで続いたのですが、廃藩置県のとき飫肥県から都城県となったため、館・楼・櫓のすべてを破壊してしまったのだそうです。しかし大手門付近から本丸跡一帯には、風格のある石垣が今も昔の面影をとどめ、藩校だった振徳堂は残っておりますが、本丸跡には県立飫肥高女が建っていました。

飫肥は「小京都」と呼ばれる程の山紫水明・風光明媚な町で、四季折々にそれぞれの風情がありますが、私はなかでも春の季節が一番好きでした。

早春、まず山桜が城跡の石垣の上や飫肥高女の校庭に薄紅に萌えだした葉をまじえて咲き始め、春たけなわの頃の武家屋敷通りには八重桜・桃などの花々が朽ち果てた漆喰の壁越しに、妍を競いつつやがて躑躅の季節へ静かにと移ってゆくのでした。

「山青く　水また清き　城下町
　　わが十八の　思い出のまち」

その当時作った稚い歌です。私はこの飫肥の町で、満十七歳の春から十八歳の春まで一年の間を過ごしました。

前にもお話ししたと思いますが、その当時の鉄道員に対する一般の評価はきわめて高く、特に若い人達は「鉄道に勤める人なら娘を嫁にやる」と言われる位人気があったのだそうです。雇員ともなると田舎では官員さんと呼ばれて尊敬され、村の名士といえば警察署長・郵便局長と並んで地元の駅長が三役の座を占めるという時代でした。そんな時代風潮でしたから、鉄道の制服で街に出るのはごく普通のことで、なんの抵抗も感ぜず、私達はアイロンのかかった真新しい紺サージの制服を颯爽《さっそう》と着こなし、雇員の袖章をこれ見よがしに街を闊歩したものでした。なにしろ年若い鉄道の雇員といえば私達だけでしたから、その人気たるやちょっとしたタレント並みだったように思うのですが、私の自惚れ過ぎでしょうか。

本町商店街の中央の位置に飫肥の電話局がありましたが、私達が買物等の用事でここを通ると二階の交換室から華やいだ嬌声があがり、若い娘さん達が大勢顔を出して手を振ったり、大きく声をかけたりするので恥ずかしい思いをした事も度々でした。

また稲荷橋の付近に町に唯ひとつの活動写真館「南明舘」がありましたが、此処は映画でも芝居でも出来るという造作で、舞台となるべき所にスクリーンを張って映画を上映するのでした。一階は殆ど椅子席でしたが二階は枡席のような畳敷になっており、私達はいつもこの二階正面の座席で映画を見ておりました。上映中は暗いのでわからないのですが、幕合の休憩時間となり照明がパッとつくと階下の人達が一斉に二階を見上げ手を振ったりするので、電気がつく頃を見計らっては座席に寝転んで、見えないようするなどつまらぬ苦労をしました。

仲秋の明月、十五夜の夜は町をあげての大変な賑わいとなります。飫肥の町を本町地区と今町地区の二組に分けての、大綱引きが催されるのです。町を挙げての盛大なこの綱引きの夜、私は生憎《あいにく》と夏風邪の具合が悪くて残念ながら外出することも出来ず、ひとり床の中で町のざわめきや群衆の歓声などを夢現つで聞いていたのでした。そのうちに旅館の誰かが「Hさんが大怪我をして病院に連れて行かれたそうだ」と叫ぶのを聞いて吃驚して飛び起きました。

かれこれ小一時間もたったでしょうか、皆が心配している所へ浴衣を血だらけにしたH君が、両足に包帯を一杯巻かれ担架に乗せられて帰ってきたので、またまた吃驚でしたが、当のご本人が至極元気だったのでひと安心した次第でした。

後で詳しい話を聞いたところでは、大綱引きを見ているうちに面白くなり、ついつい今町側の大勢の中に割り込んで綱を引いていたところ、次第に形勢が悪くなり皆が浮き足立ってきたはずみに綱に引きずられて転倒し、その脛の上を大きな綱が物凄い勢いで走っていったのだそうです。幸い重傷という程の事でもなく事後の経過も良好で、傷跡は大分後まで残っていましたがまったく不幸中の幸いだったと思います。

その後H君との再会の都度この話が出ますが、これも今ではもう笑い話になる程の遠い思い出になってしまいました。

田の上八幡の夏祭りの夜に、地元の青年団の酔っ払いから絡まれ大騒動になりかけたことや、皆で出掛けた酒谷川の鯰とり、或いは飫肥女学校の運動会に招待を受けて出席はしてみたものの、衆人環視の的となり、いたたまれず早々に退席させて戴いたことなどなど、数々の思い出多き私の十七歳の一年でありました。

この年も師走に入った十二月八日、米英両国に対して宣戦の詔勅が喚布され、遂にこの日から我が国が世界規模の大戦争へと突入して行く事になるのでありますが、私がこれを知ったのは飫肥から都城へ向かう乗務途中の「山の口橋駅」でした。このバス停は榎の大木と小さな雑貨店があるだけの淋しい所でしたが、お店の小父さんから開戦のニュースを聞いた時も、「いよいよ来るべきものが来た」という、至極平然とした気持ちで受け止められたように思っております。

私が飫肥にいた当時は、県南部の交通機関として国鉄線のほかには省営自動車線しかない時代でしたが、バスの利用層はやっぱり通学生が主たるもので、通勤や一般の乗客は少なかったようでした。その数少ない通勤のお客様の中に、これからご登場願うK嬢・Y嬢・T嬢という、うら若い三人の先生がおられた訳であります。K先生とT先生は飫肥駅から、Y先生は山の口橋駅から乗車されて、酒谷村の小学校のある「桃の木駅」で下車されていましたが、通勤所要時分はその頃でも約三十分程度だったと思います。

K先生のおうちは、前にお話ししました今町の川沿いの二階建で、私達は一度このお宅に招かれてお茶等を頂いた事もありました。先生のお父様もかつて教師をしておられた由、お母様も物静かな上品な

飫肥在勤時代の筆者（1942.4.20 撮）

方だったように記憶しております。

二階のK先生の部屋は川幅百メートル位の酒谷川をへだてて末広旅館の丁度真向かいになり、私達の二階の部屋とはお互いに手を振りあえる程でした。三人とも某女学校専攻科の同級だったそうで、私達はK先生を経由してY・T両先生ともお友達になれたという訳でした。

戦前男女間の交際は実に厳格極まる時代でしたから、先生方が通勤のためバスに乗降されるときもごく一般的な挨拶だけしか交わしませんし、私達も「三人の先生方は私達三人の共通の友人であることに徹する・抜駆け厳禁・手紙公開」等などの厳しい規則を作り、自らを厳しく律していたものであります。今の若い人達の感覚からは、馬鹿馬鹿しいほど幼稚に思えるでしょうが、まだ当時の私達には精神的なる愛（プラトニックラブ）という言葉に憧れる位の、ひたむきな純粋さが残っていたように思うのです。

たまたま皆の休日が揃った日などには、飫肥の街から見えるなだらかな北郷の丘陵に登って心尽くしのお弁当をご馳走になったり、或いは酒谷川の土手に腰掛けて駄菓子をほおばりながら他愛もない話に興じあう。そしてこのようにして過ごす「ひととき」こそが、この頃の私達にとっては何よりも充実感があり何よりも楽しい事だったのです。

〽青い背広で心も軽く
　街へあの子と　ゆこうじゃないか
　赤い椿で眸も揺れる
　若い僕らの生命の青春よ

この歌は皆様もご存じのとおり、佐藤惣之助作詞・古賀政男作曲による「青い背広で」という歌謡曲ですが、私の愛唱する歌謡曲のひとつでもあります。昭和十二年に藤山一郎さんが歌い、その明るいメロディのなかにただよう淡いペーソスが世の若者の共感を呼んだのか、その後半世紀にも亘り青春の歌として親しまれて来たのだそうです。今でもこの歌を当時の私達の青春像に重ね合わせて見るとき、歌詞の各小節その儘の姿で私達は青春を生きていたんだなあ、という感懐がしみじみと湧いてきます。

このように愚かなほどに純粋な友人同士の絆も、心なき人の中傷によって傷つき、やがて某学校関係者から都城自動車区長への直訴という事になってしまったのでした。事情聴取のため私達三名は、前後して都城の本区に呼び出されたのですが、区長や助役もK先生のご両親達から色々と事情を聞いておられたらしく、私の場合はその経緯を説明させられただけで、別に叱られることもなく形通りの注意で終わりました。

あとで聞いた話ですが、H君はこの時「何も悪い事をしていないのに疑われたのが口惜しい」と言って、区長室でオイオイ泣き出し、事務室の先輩達がこれを宥めるのにひと苦労したのだそうです。

このような経緯で、この美しき城下町における私達の淡いラブロマンスにも、はかなくピリオドがうたれる事になってしまいました。しかしその反面、未完の恋（?）であったが故に半世紀以上も経過した現在にいたるまでも、当時の甘く切ない「青い背広」の思い出が胸に沁みてくるのではないか、とも思ったりするのです。

そして翌年の昭和十七年五月七日付で「都城自動車区　庶務掛兼務を命ず」という昇職の辞令を戴いたのでした。

都城の日々

都城自動車区は都城駅の向かって右側にあり、現在も場所としてはあまり変わっていませんが、駅前の姿は大きく様変わりしてしまい、今は昔の面影のかけらも残っていないようです。

本区での仕事は今までのように乗務だけという呑気なものでなく、まず新任車掌の養成という事で実務指導を含めて教育全般を担当せねばなりませんし、一般事務では日々の収入の締切り、日報作成が主たるものでしたが、庶務掛には妻帯した人が多かったため、当然独身の私には当直（宿直）勤務を割り当てられることも多かったようでした。

この頃あたりから「親方日の丸」で済まされていた省営自動車も、時代の荒波は如何ともしがたく、燃料のガソリンも次第に手薄となり木炭薪を燃料とするガス発生炉が開発され始めました。そして一両また一両と車の後部に大きな発生炉を背負った代燃車が増え始め、倉庫には木炭と薪が山積みとなり、ちょっとした燃料店も顔負けという有様になりました。

当然のことですが代燃車はガソリン車に較べ出力も弱く、そのため機関の始動が困難です。特に冷え込んだ朝などは、送風機を力の限り回していくら良いガスを作ってもエンジンがかからないので、とっておきのガソリン車（バス）に牽引ロープをつけ、駅前の広場を我がもの顔に十数回引っ張って走りまわることが当直庶務掛の常例の作業となっていた程です。

私もその例にたがわず無免許ながら人並みに牽引作業に従事していましたが、いま思い出しても時代の変遷とは言いながらまさに冷汗三斗の思いがします。

話は変わりますが、ここで私は就職して以来満四年振りで宮崎市江平町の自宅から通勤出来るようになったのでした。朝は一番列車、帰りは時間帯の都合が悪く家に帰り着くのは二十時頃となり、おまけに国鉄制服の手前もあり列車では混雑する車内を避け、もっぱらデッキに立ちん坊でとおすという極めてハードな日常となってしまいました。

しかし両親や妹達と共に起居できる事、とくに母の手作りの食事をとられるだけでも有難く、精神的には充分満ち足りたものがあったと思っております。

それまでも給料の度毎に、なにがしかの額を家に送金しておりましたが、宮崎から通勤するようになってから、給料日には父に都城特産の焼酎一本を、母には給料袋をそのまま手渡して、母の喜ぶ顔を見るのが無上の楽しみとなりました。

ところが鉄道診療所で六月に実施した定期健康診断で、レントゲン写真に影があるとのことで精密検査の結果、「両側肺門浸潤のため休業通院を要す」という有難くない診断が出されたのです。

そして七月から十一月までの五カ月間を休業、都城市の立野医院で通院治療を受けることになりました。この立野医院の先生は宮崎管理部の頃宮崎鉄道診療所長をされた立野稔先生の厳父で、もと軍医だったそうで、また先生のお父さんは昭和天皇が皇太子時代外遊された時のお付医官・立野軍医少将だそうです。そのせいか患者の取り扱いも軍隊式なら、看護婦さんさえ患者の前で張り飛ばすという程の豪傑でしたから、私もおどおどしながら診察を受けたものでした。しかし現在のように結核の特効薬がある訳でもなく、葡萄糖の注射が主な治療であったような気がします。

私の身体のことは家中の皆が心配してくれましたが、丁度重利兄が警察本部に在職していた頃で、屠殺場関係に依頼して新しい牛の内蔵などを手配してくれた事も何度かあったと思います。その当時は家畜の生き血や生き肝等が唯一の肺病の特効薬といわれ珍重されていました。

しかし母は以前観音様に願をかけて以来、決して四足の動物の肉を食べない人でしたし、私達も母に似て獣の肉を好む方ではなかったので、身体に良いと知りながらも、本当に死ぬような思いでレバーを食べたことを記憶しております。

とにもかくにも家族皆の暖かい協力のお陰で、私の肺門部の炎症も癒え十一月の始めから出勤出来るようになったのですが、こんな肋膜炎の病み上がりが一年後の徴兵検査ではなんと甲種合格となり、人より先に現役兵として入営する羽目になろうとは夢にだに思わないことでした。

およそ半年間に及ぶ苦しい療養の生活でしたが、いま振り返ってみますと私にとっては、両親とひとつ屋根の下に住むことが出来た、最後の貴重な機会だった事を本当に有難く思っております。

一方時局は、昭和十六年十二月の真珠湾奇襲攻撃に始まった大東亜戦争も開戦から一年を経過し、緒戦以来の勝報につぐ勝報に私達は酔い痴れていたのでしたが、事実は米英軍ともに次第に戦力を挽回《ばんかい》しつつ反撃に転じ始めていたのでした。

昭和十七年四月には米軍艦載機による首都東京への初空襲、明けて十八年二月には南太平洋における米軍の反攻作戦に我軍敗退、ガタルカナル島からの転進を余儀なくされるなど、戦局は日を追って悪化の一途を辿って行くのですが、私達はその真実の姿を知らされず、お上のお達しの通りの日常を送っていたのでありました。

しかし国の基幹事業である鉄道においてさえ、国民徴用令によって職員のすべてが現職のまま徴用ということになり、そのうちに今度は兵役（召集・現役入営）による要員の不足が目立つようになりました。まず自動車車掌に女子を充当することから始まって、駅・区の事務系統職（案内・改札・事務・庶務掛等）が次第に新規雇用の女子職員に代替されてゆきました。そして駅・区の事務系統の職種にあった男子職員は、なかば強制的に技術職種への配置転換を慫慂《しょうよう》されたのであります。私の場合も技術職（運転士）に転職希望を出すよう、上司から再三説得がありましたが、あと一年たらずで入営するのだからそれまで今のままでいたい旨のお願いをしておりました。

こんな事もあって　あまり愉快な日々でもなかったその年も暮れ、翌十九年の一月早々今度は是非門司鉄道教習所の自動車運転士科の入所試験を受験するようにと言われましたので、気は進みませんでしたが上司の顔を立てて一応試験だけは受けてみる事にしたのでした。そんな訳で勿論勉強などもせず、答案も殆ど書かずに出したのですが、何故か合格という事になり吃驚してしまいました。

門司鉄道教習所

そこで止むなく鉄道教習所に入所することに決めたのですが、短期間にせよ北九州で暮らすのは初めてのことでもあり、母なども大変心配してくれました。

そして二月一日の入学式に間に合うようにと、一月三十一日の夜行列車で出発することにしたのでした。現在でも日豊本線の列車速度は、九州の幹線のなかでは一番遅いのですが、まして当時はまだ蒸気機関車の時代でしたから、宮崎駅から門司駅まではおよそ八時間以上もかかったように思います。

まだ夜が明けたばかりの時刻、やっとのことで着いた門司駅のホームに降り立ってみると、薄暗い曇り空から寒風にまじって粉雪が舞い、初めて目にするあたりの雪景色にも「随分遠くまで来たもんだなあ」との感慨を覚えると同時に、ある心細さを感じました。

駅から電車通りを横切って真っ直ぐに進むと、間もなく門司鉄道病院の建物が見えますが、この手前の交差点を右折し柳西町・鎮西別院という道順で教習所までおよそ二十分位の道程だったと思います。

門司鉄道教習所は足立・白椿の連山に続く戸上山の山裾の小高い所にありましたから、教室の窓から門司の街を眺めると、市街地からすぐに関門海峡の大瀬戸、その向こうに彦島から下関漁港や魚市場、また遠くは日和山が望見されるような景色の良いところでありました（現在の所在地とは少しちがっています）。

しかしその時は玄海灘から吹き上げる寒風と粉雪に視界も閉ざされ、またあまりの寒さに凍えてしまって、とても辺りの景色を眺める余裕などなかったのです。寒い講堂でふるえながらも無事に入学式も終わり、晴れて専修部第三回自動車運転士科生徒となり、同期三十数名が四室にわかれて寮生活をすることになったのです。

自動車運転士科も一・二回生までは、それなりに本人の希望で試験を受け入所したのでしょうが、わが三回生は私を例にとるまでもなく、自分の意志によらずに入所したものが意外と多く、職種も掛職では駅務掛・庶務掛・改札掛・列車車掌、手職では自動車技工という多種多様でした。

もうその頃は食料事情も大分悪くなっており、生徒寮の主食も米粒はほんの僅かで大豆粕（石器時代の貨幣のような形で満州地方から肥料用として輸入していた）の砕片が大量に混入されており、その量も食器丼に軽く一杯だけでした。勿論これ位で食べ盛りの若者の胃袋が満足するはずはなく、自宅から持って来たらしいハッタイ粉などを屋外の寒い所で食堂用の配管から漏れる蒸気を利用して、練って食べている者が随所に見受けられましたが、本来ならば許されないであろうと思われるこのような行為も、厳しい食料事情を考慮してか半ば公然と黙認されていた模様もありました。

まず食物に関して、これからの厳しい生活を予見させられた私達でしたが、乏しい夕食も済み自習・点呼と時間割も進んで、いよいよ同室の八名全員が待望していた消灯ともなりました。私も今日一日の新しい経験に疲れ果て、せめて安らかな眠りにつこうとした時、突然の異様な痛さにハッとして飛び起きました。みんな、申し合わせたように寝台の上に起きあがって、あちこち見回しています。誰かが電灯をつけると、沢山の小豆色をした虫が一瞬のうちにサッと寝台の隙間に入ってしまいました。

南京虫です。話には聞いていましたが、こんなにまで沢山いようとは夢にも思わない事です。身体をよく見てみると、下にして寝ていたその右下が列をなして赤く食われていました。誰かが「新聞紙を寝床に敷いたら南京虫が来ないのではないか」という話を出し、皆はそれぞれガサゴソいわせながら、手持ちの新聞紙を下敷きにして休むことにしたのでした。

このひと騒動のあと、電気を消してうとうとしようとした頃、またも南京虫騒動でしたが、今度は下敷きにした新聞紙にバラバラと音を立てる程の蚤《のみ》の大群です。こうして入寮の第一夜は、ついに寝不足のまま過ごしてしまいましたが、私達は南京虫だけでなく、物凄い量の蚤と今後格闘して行く事になったのです。

私達の睡眠不足とは関係なく、早速次の日からはM主任教官による授業が始まりました。四カ月の教習期間の前半は座学と称する教室での学習で、自動車工学・構造・交通法規といった学科、後半は行橋実習場での運転実習訓練が主体で、五月上旬実施の福岡市箱崎の福岡県自動車試験場で実技試験を受けるのが、第一次目標として計画されていたようです。

授業の内容もかなり専門的になっていましたが、私には二年数カ月もの間自動車に接してきたことも幸いし、「門前の小僧」なみには理解する事が出来ましたので、さほど心配する事もありませんでした。

しかし困った事は第三回自運科生の評判が甚だ悪いことでした。前にも述べたような経緯で入学した生徒が多かったせいか、意識してか無意識かは判りませんが、事毎にクラスの取決めに反する一部の不平分子もいて、朝礼のときなどに注意されるのはきまって「自運科生」なのでした。こんな事が度重なって教習所内の「札付きの学級」という有難くない評判がたってしまいました。おかげで「吸殻が寮室の近くに落ちていた」といっては「煙草を隠れて吸っている者が居る」と所持品の検査をされたり、掃除道具などが整理してないといっては、まったく関係のない自運科生徒の当番が怒られたり散々でした。

こんな時の懲罰はきまって守衛室前の板敷に、正座一時間というものでした。夕食後の自由時間にこの懲罰が行われるのですが、厳冬の二月の門司の寒さは宮崎では考えられません。板敷を通して寒気が足を痺れさせ、膝を崩すと寮監から怒鳴られ、そのうちに名物の蚤とシラミが人の血の匂いを求めてザワザワと忍び寄り、そこかしこが痒くなってくるのには全く閉口しました。

二月一日入所以来うっとうしい雪空の厳しい寒気と慢性的な空腹、そして夜は夜で南京虫・シラミ・蚤に苛まれる毎日毎夜では、身体の調子が悪くなるのも無理ありません。

私は意を決して医務室にゆき、年来の既往症と病歴を説明する事にしました。まず看護婦さんに事情を話したのですが、その時に看護婦さんから「若し先生が休まなくてもよいと言われた時は疥蘚が出来たと言いなさい」と耳打ちされたのでしたが、医務室の先生は「胸部は異常ないが身体が疲労しているので休んだほうがよい」と言われて、三週間の休業診断書を出して下さいました。私が同室の学友の羨望の眼差しに送られて、急遽帰宮したことは言うまでもありません。

さて、診断書の休業期間を五日残して教習所に戻った私を待っていたものは、前半の学科を締め括るべき学科試験でした。幸いまだ三日程の余裕がありましたので、かなりの泥縄式学習方法でしたが、どうやらその場しのぎにはなったようです。

試験問題は、自動車工学・構造・交通法規等の全般で私が習わなかった事柄が多く出題されましたが、何となくみんな出来たような気がしてホッとした次第でした。

そして数日後の試験結果発表の際、M教務主任は私を名指して「甲斐は病気で三週間近く休んだのにかかわらず、今回の学科試験で最高点をとったのは本当に感心である」と衆人環視のなかで激賞されたのであります。たとえ健康上の都合とはいえズル休みをとった私としては、こんなに褒められてはくすぐったいような申し訳ないような変な気持ちになって当然だったでしょう。

三月の下旬から運転実務訓練が始まりましたが、実習は門司駅から約三十キロ（所要時間約三十分）離れた行橋の練習場で行われる事になりました。とにかく教習所の外に出られ自由な空気を吸えるというので、この度ばかりは「自運科生」も他科の生徒達から羨ましがられる事になったのです。

行橋実習場は駅から十五分位のところで、軍の高射砲の陣地が近くにあり、訓練の模様など遠望される事もありました。実習班は四班に分かれ、それぞれに教官が担当しましたが、私ほか九名の第四班はH教官と決まりました。

実習に使用する車両は各班に一両ずつでいずれもフォード社の乗用車でしたが、ガソリン車は二両だけであとの二両は木炭車でした。

幸運なことに私達の第四班はガソリン車を割り当てられたのです。しかし、フォード車といっても古い型でしたし、当時はもう外車部品の調達は出来なくなっていましたから、セルモーターの調子の悪い車で一旦エンジンが止まると、そのたんび皆で後押しして始動させねばなりませんでした。

それでも私達はまだ良かった方で、木炭車を配車された実習班などは最初からエンジンが掛からないため、車を後押して広い練習場のコースを往ったり来たり、それだけで一日の教習が終わったという笑えない出来事が何度もあったのです。

私達第四班のH教官は実に温和な人柄で、注意をする時も叱る時も穏やかな口調で話す人でしたから、私達も至極真面目に教官の教えを受けたように記憶しております。しかし他の実習班ではK教官・Y教官のように軍隊下番の教官でしたから気合いの入れ方も激しく、時には「対抗ビンタ」などもさせられていたそうです。

実車訓練で最も重要なものが変速機・加速弁の操作（ギヤチェンジ・アクセル）でした。これはミッションギヤを上位または下位に入れ換える際、機関の回転力と車軸の回転力を同じにしてギヤをスムーズに入れ換えるようにする、所謂「ダブルクラッチ」のことですが、この操作を間違えて変速の時にガッと音でもたてると「ギヤを泣かせるな」といっては怒られたものです。

現在は大型車両でさえ無造作にギヤの入換えが出来るような時代となりましたが、この時の猛訓練で取得した技倆のお陰で、私は軍隊に入隊してからどれだけ楽をしたかわかりません。また鉄道教習所で習得した自動車工学関係の教本のすべてが軍隊式用語で統一されていましたので、この事も軍隊では大いに役立ちました。

三月下旬から四月にかけては鉄道教習所では修了・入学式のラッシュとなり、学生寮（戸上寮）の入替わりも頻繁で、私達の自運科生も何時の間にか古株となってしまいました。もう玄関の守衛室前で懲罰の正座をうけることもなく、教官・寮監の評価もかなり高くなってきたのですが、今度はその反面生徒週番の勤務が割当てられるようになりました。

週番といっても大した仕事をする訳ではありませんが、各学級の清掃割当の場所を見回ってその良否を記録したり、消灯後の寮舎内を巡回して戸締まり・火気の確認等をして日誌に記録し報告することになっていましたから、一部の生徒達からは恐れられる存在ではあったと思います。

その頃丁度、男子職員代替補充のため採用されたばかりの女の子達が、業務科生徒として入寮しておりましたが、消灯後の女子寮棟に巡回に行くと、部屋で電灯が使えない彼女達は、よく階段の途中の照明の真下に毛布を被り教科書を勉強している姿を見かけたものです。本来ならば直ちに居室に退去させなければならないのですが、私達は健気な彼女達の熱意を愛《め》でて「風邪を引かないように。なるべく早く休みなさい」と注意するだけにして不問にしていました。

そのうち念願の運転免許実地試験がいよいよ五月八日、福岡市箱崎町の県自動車試験場で実施されることになりました。当時の福岡県普通自動車運転免許証といえば、九州で一番取得することが難しいと評判でしたから、私達も「落ちてもともと」という考えも頭の中にはあったのです。そういう楽な気分でしたからあまりあがる事もなく、同乗の試験官が「少し速いぞ」という声を耳にしながら、全コース「標準六分間」を確か五分三十秒で終了したように思います。

お陰様で私は一発で待望の運転免許を獲得し、しかもご褒美として十日間の休暇を許可されましたが、不運にも不合格となった生徒数名は、次の実技試験にそなえ相変わらず実習場へ日参を続けることになったのです。

五月も上旬ともなると、北九州門司の地にも晩春から初夏への季節の移り変わりが見られるようになってきます。そして私達の運転実技教習の総仕上げともいうべき「校外路上実習」が一週間に亘って実施されました。

入所時の厳冬の頃から春も半ばにかけて、毎日のように続く暗い曇空を見馴れた私達にはまばゆいばかりの青空のもと、実習班の乗用車四台を連ね燦々とふりそそぐ陽光を浴びて、新緑の満ち溢れる郊外を存分に走り回りました。これは公道において自分で車を運転した初めての体験だった事もあり、当時の数少ない楽しい思い出となりました。

振り返ってみると、心ならずも教習所に入った二月一日以来指折り数えて待ち望んだ修了式でしたが、だんだん修了式が近付くにつれて、過ぎ去った喜怒哀楽さまざまの思い出が胸中に去来し、同室の学友と深更まで語りあう事も度々ありました。

そして五月三十日、いよいよ修了式を迎える事となったのです。

やがて式も終わり鉄道教習所とも別れを告げる時が来ました。二度と再び訪れることはあるまいと思えば、四カ月にわたる戸上寮の苦しかった生活も今は懐かしいものに思われてきます。校門を出た私達は、近くの小高い丘の上で暫しの間を思い出話に花を咲かせたり、再会を約しあったりしました。

背後には新緑萌える戸上の山なみ、前方は真青な関門海峡の潮流、こうした眺めも今日で終わりだと思うと、私達一同さすがに感慨深いものがありました。

歌詞の記憶がさだかでありませんが、当時の寮歌の一部第一―二節を紹介しておきます。

門司鉄道教習所第三回自動車運転士科
行橋自動車練習場にて 第四班生徒一同（1944.4.15 撮）

戸上《とのえ》寮歌

〽馬寄《まいそ》が丘に　草萌えて
木々の梢に　花咲けば
伝統誇る　門教の
寮に起臥する　若人の
至誠奉公　血は湧きて
国鉄健児　意気高し

見よや玄海　波あれて
行き交う船の　数も絶え
寒風肌を　つんざけど
寮に慈愛の　灯ともりて
師友和親の　温かき
まどいの華の　咲き匂う

来るべき時

こうして久し振りに宮崎の我が家に帰って来たのですが、それからが大変でした。南京虫などの害虫を家に持ち込んではまずいので、布団袋も裏の畑に持ち出して開くことにしたのですが、母が布団類を出して物干しに掛ける途中、沢山の蚤に吃驚して家のなかへ駆け込んできた位でしたから、いかに蚤が多かったか、お察しください。

徴兵検査に甲種合格して　姉妹と（1943.1.20 撮）

それから大慌てでノミ取粉を用意したり、布団も側を外して肌着ともども熱湯消毒してもらうなど、家中の皆に大変迷惑をかけました。しかしそれから一カ月程の間は裏の畑に行くと、痩せた蚤の群が飛びついてくるというので皆が畑に入るのを敬遠していた位です。

都城自動車区では早速「自動車運転士見習を命ず」の辞令をもらい、四トン積の貨物自動車の見習運転を一日しただけで、あとは一人で貨物自動車を運転することになりました。我ながら下手糞な運転だったのですが見習期間中を含め事故も起こさず実に幸いでした。

そして八月十日、遂に私にも「日の丸赤紙」が配達されたのであります。

「十月五日に広島第五野砲聯隊《れんたい》に入隊を命ず」というのがこの令状の文面でした（普通の召集令状は赤一色の用紙だったので略して「赤紙」、現役入営の令状は赤丸があったので「日の丸赤紙」といわれていました）。

去る一月に実施された徴兵検査で、「甲種合格」となった私でしたから、かねてこの日のある事は当然予期してはいたものの、心の底にはやはりある不安と緊張感があったような気がします。ただ野砲といえば「愛馬進軍歌」などの影響もあり、すぐに挽馬砲を連想しましたので、これまで馬とは一度もお付合いのなかった私としては、何とも気かがりな一事でした。

家では早速母や姉妹が「千人針」を作り始め、近所の方々はあちこちの神社の「武運長久のお守り」を届けて下さいました。何となく落ちつかないような日々を、私は遺品として残すべき「頭髪・爪」の準備をしたり「軍人勅諭」や「戦陣訓」などを暗誦したりして過ごしました。

入営の令状が来てから二週間ほど休暇を頂いたのでしたが、どういう訳か私に大変好意を持っておられた酒谷村新村のTさんから「軍隊に入る前に是非遊びに来てくれ」との手紙が来ましたので、なんとか都合をつけて出掛ける事にしました。都城駅から省営バス「都城線」に乗車し「上白木俣」で降りて左手へ、細い林道の両側にはそそりたつ山の稜線、その裾を小さな谷川に沿って二キロ程行くと突然眼界がひらけ営林署の大貯木場に出ました。

周囲を山に囲まれた盆地状の広場には沢山の材木が整然と集積してありました。Tさんの家は昔から山林業を営む近郷きっての旧家でもあり、家の構えもそれに相応しく豪壮なものでしたが、とりわけ吃驚したのは母屋に並んだ立派な牛小屋に凄く大きな黒牛が二頭居たことです。聞けば木材を山から曳出したり、貯木場に運搬するとき欠かせないものだそうで、その巨大な図体の割りには実に柔和な目をしていたのが妙に印象深く残っております。

また家屋の床が普通の家より高く作られ、床下には籾殻が一杯詰めてあり此処は夏蜜柑の貯蔵庫となっていました。やがて案内された立派な奥座敷で、珍しい山の珍味・猪・鹿の肉など腹一杯にご馳走になったのでした。

ふと気が付くと最早帰りのバスの時間です。最寄りのバス停「上白木俣」まで出ると、この時間では到底間に合わないと考えたので、Tさんの「身体だけは大事に、死ぬ事よりまず生きる事を第一に考えなさい」と言う懇《ねんご》ろな餞《はなむけ》の言葉にも、お礼もそこそこにして獣径《けものみち》らしき近道を教えてもらい、胸を突くような急勾配の坂を灌木を掻き分け掻き分け登りつめ、漸くのこと「上重手」に辿りつきました。そして折から羊腸の急坂をエンジンを一杯にふかせ、喘ぎながら登って来た省営バスに漸くのことで間に合ったのでした。

なにかと慌ただしい二カ月でしたが、それでも私は九月二十七日まで都城自動区に勤務し、十月五日の入隊期限に間に合うように宮崎駅から出発することになるのですが、これから先の話はこの「走馬灯」の続編ともいうべき「回想記」に書いておりますので省略させて戴くことに致します。

あとがき

この「走馬灯」と題した拙文は、大正十三年一月私の出生の時から書き起こし、昭和十九年十月現役兵として入営するまでの思い出等を書き綴ったもので、軍隊生活・ソ連抑留の出来事を書いた「回想記」の前編ともいうべきものです。

「回想記」のあとがきにも書きましたように、構想そのものは随分前から出来ていたのですが、雑事に取り紛れ手をつけられなかったのが実情でした。ところが「回想記」を読んで頂いた方々から「予告した自分史はまだ出来ないのか」などの催促が相次ぎましたので、今年の八月末からワープロ入力を始めやっと今日十月三十日、この「あとがき」を書く段取になった次第であります。

冗長にわたらぬよう出来るだけ簡潔に書いたつもりですが、お見苦しい点は悪しからず御寛容下さいますようお願いします。

この「走馬灯」の続編が「回想記」ということになり、これからは「回想記」を「思い出の記・第一部」そして「走馬灯」を「思い出の記　第二部」として、これに続く「思い出の記・第三部」を作成すべきか目下頭を悩ましております。

最後に、文中数々の思い上がりや稚拙な表現、或いは間違った解釈等につきましては、何卒皆様方の忌憚なき御批判・御叱正を賜りたく、併せて今後とも暖かい御声援を切にお願い申し上げます。

平成三年十月三十日

第二部　回想記

この「回想記」は平成元年一月、私がうろ覚えのおぼつかない手つきでワープロに取り組んだ第一作でしたが、何分不慣れのため誤字が多く、行間や字配りも不体裁で極めて読みづらいものでした。平成九年三月、これらの点を多少とも改善し「第二刷」を作成しましたが読みにくいのは変わりませんでした。今回は思い切って趣向を変え、写真やイラストも加え親しみ易い字体にしてみましたが如何でしょうか。

平成二十一年八月

まえがき

終戦の年から既に五十余年、あの頃のみじめな敗戦国日本の姿は現在では何処にも見られないようになってしまいました。それればかりか当時暗い青春時代を過ごすことを余儀なくされた私達でさえ、ともすればあの戦争の悲惨な記憶すら、次第に希薄なものになりつつあるように思えてなりません。

人それぞれの過去における体験はそれこそ千差万別であり、これを寸分洩れなく正確に再現するのはおそらく至難の業でありましょう。私一個人の身に置き換えて考えてみても、自分自身で体験した事を如何に詳細に妻子や友人に話してみたところで、事実の委細を尽くした事にはならないであろうと思います。

しかし、だからといって自分自身の過去の体験、皆さんからは笑われるかも知れませんが私なりに一番貴重なこの思い出を、私の生涯とともに消し去るにはあまりにも忍びないという事もあり思い切って筆を起こしたという訳でした。

「生い立ちの記」或は「半生記」といったものについては別の機会に譲る事にして、今回は私の「軍隊時代の思い出」と申しましても、恥ずかしながら大方は抑留生活の話になろうかと思いますが、現役兵として広島野砲聯隊への入隊から、渡満、終戦そして抑留、入ソ、引揚げ、というような順序でその折々の、きわめてまとまりのない思い出を、出来る限りまとめて書いてみたいと思います。

あくまでも私が自分の目で見、自分の耳で聞いた事実だけですけれども、なにしろ浅学非才な私のことですから、特にロシヤ語などについては間違いや見当違いなど多々あると思います。何分共にご寛容のうえ、ご笑読下さいますようお願い申しあげます。

第一章　野砲兵となる

その頃の日本

いま考えてみますと、昭和十九年といえば所謂《いわゆる》大東亜戦争もそろそろ末期症状を呈しつつあった時期といえましょうが、当時の私達は緒戦真珠湾の大勝利の再現、そしてまた必ず吹くであろう神風をも信じ切っていましたから、かりそめにも大本営発表の信憑性《しんぴょうせい》を疑ってみるなどとの考えは毛頭《もうとう》ありませんでした。

私の生まれたのが大正十三年一月、昭和五年がその頃の尋常小学校一年入学ですから、満州事変勃発から支那事変、そして大東亜戦争へと、当時の我が大日本帝国の軍部が「八紘一宇《はっこういちう》」の旗印のもと、国の総力を挙げて戦争に立ち向かっていた時代、所謂「軍国主義の教義」に身も心もどっぷり浸りきっていた訳です。

その頃は国鉄職員でも一部技術系の職員を除いて召集令状が来るのは至極当然でしたし、徴兵《ちょうへい》検査にも甲種合格している私としては、日の丸の大きく印刷された「入隊通知」が来たところで別に慌てる気持ちもありませんでした。それ程までに死生を超越達観していたかどうか、その事については甚だ疑わしいのですが、要するに「男子たるもの必ず戦争に行かねばならぬ。死ぬも生きるも運次第」という、なかば投げ遣り的なあきらめの境地だったのでしょう。

ただ野砲兵聯隊に入隊という語句がたったひとつの気掛かりでした。何故かと言えば馬には今の今までまったく触った事さえなかったからです。

国鉄からは「門鉄達乙九二〇号により休務を命ず」との辞令を頂き、入隊に備えて軍隊での初年兵必修科目「軍人に賜りたる勅語」の暗唱をしたり、毛髪と爪を遺品として残す準備をしたり、愛読書やアルバムなどを妹達に託したり、身辺の整理に何となく慌ただしい数日を過ごしたように記憶しています。

晴れの門出

出発の日は十月に入って間もない快晴の日でした。

家族ともそれぞれに至極簡単に別れの言葉をかわし、また当時のしきたりで「甲斐裕文君万歳」の三唱に送られながら我が家を後にしました。父やご近所の人達の何人かで宮崎駅まで見送ってもらったように覚えております。

母とは家の門口で「そいじゃ行ってくるわ。母ちゃんも元気でね」位の明るい調子の極めてドライな別れでしたが、それでなくてさえ涙もろい母に対してはこうするほかに仕方がなかったのです。そしてこれが今生の母子《おやこ》の別れになろうとは神ならぬ身の知る由もない事だったのです。

この母の事についてはいずれ稿を改めて述べるつもりでおりますが、私が一番下の男の子でもあり、またそれまで比較的ながく母の身近にいたということもあったので、私の自惚れかもわかりませんが他の兄姉妹よりも可愛がられたような気がしてなりません。今にして思えばこの別離にしても自分自身、既になにかしらその事実を予感していたような気さえするのです。

閑話休題、ともかくも私を乗せた汽車は、轟音を響かせ汽笛を鳴らし黒煙を吐きつつ日豊本線をひた走ります。満員近い車内の片隅でこれから行く先の広島に思いを馳せいろいろと考え込んでいるとき、斜めの向かい側に座っていた青年から声をかけられたのです。この青年がこれからの物語にしばしば登場してくる大畑さんなのです。話を交わしているうちに、なんと同じ国鉄職員で宮崎自動車区勤務、野尻町の出身で、しかも同じ広島野砲第五聯隊に入隊する人だったのでした。

運命の糸とは実に不可思議なものです。いうなれば生死の岐路への旅立ちとも言えるこの日から辛くも生き延びて復員するその日まで、いや半世紀も経過した現在に至るまでもこの縁《えにし》の糸は続いているのであります。

広島第五師団 砲兵第五聯隊に入営

どういう訳か当時の広島の印象はさだかではありません。聯隊のあったお城と堀、それにやたら多かった橋の数、その位の事しか思い起こせません。

また野砲聯隊と馬とを結びつけて考えたのは私の早とちりで、実は満州の機械化部隊への補充要員とわかりました。これは私が復員してから手に入れた戦史等などを読んでわかった事ですが、当時陸軍軍部では相次ぐ南方戦線での兵力消耗分を補充するため、当時ノモンハン事件の苦い教訓から鋭意対ソ作戦に備え戦力を蓄えた儘、殆ど無傷の装備を誇っていた精鋭関東軍から逐次抽出《ちゅうしゅつ》して補充していた訳なのです。そして私達は関東軍の第三軍（山下奉文中将指揮下）の比島《フィリピン》転出の後詰めにという訳なのでした。

それにしても広島での初年兵教育は、なんとも気合いの入らない毎日だったように思います。私としてはそれなりに厳しい訓練を期待していたのですが、何かしら空々しくそのすべてが形式的でお座なり教育といった感じでありました。

しかし考えてみれば、すぐにも他の部隊の戦力となってしまう私達初年兵を、任務とはいえ本気になって訓練する気がしなかったのではないでしょうか。

こうして約二週間の基礎教育は終わりをつげ、表門衛兵の吹き鳴らすラッパの音に送られて広島のお城を出ました。お昼すぎに列車で下関駅へ着き港の近くの広場に集結、そしてその深夜、軍用船に乗船し釜山港へとむかったのです。

生まれて初めて体験する船の旅、緊張と疲労、その上たまたま玄界灘を襲った時化《しけ》にも遭遇し、船底の船室の床をそれこそ波のまにまに転げ上がり転げ落ちるといった有様で、本当に半死半生の態で釜山に上陸しました。

おりしも巨大な夕日が赤々と遥かな地平の彼方へ沈むところでしたが、その壮大な美しさと限りない厳しさに、ただ声をのみ「遥けくも来つるものかな」との感慨を深くしたのであります。

釜山から大邱《たいきゅう》そして大田《たいでん》への車窓の景色は、ほとんど内地と変わらないのどかな田園風景が続き私達の目を楽しませてくれました。それが京城《けいじょう》（現在のソウル）を経て大白山脈の北辺を越え、元山《げんざん》から咸鏡《かんきょう》に入る頃ともなると、南鮮の穏やかな感じの風物とまったく異なり奇怪な形をした山々が聳《そび》え連なり、同じ朝鮮半島でも南と北ではこんなにも違うものかと感慨を新たにした次第でした。

朝鮮半島の縦断にどの位時間を要したか分かりませんが、多分夜のうちにでも国境は越えたのでしょう。気が付いたとき汽車は両側になだらかな丘陵台地の連なる荒野を走っていました。間もなく小さな駅に到着したのですが此処は石頭《せきとう》駅で、この付近は東満総省の寧安《ねいあん》県樺林《かばりん》との事でした。

日本内地では当然の如く緑に覆われた山脈《やまなみ》を見馴れていた私達には、見渡す限り果てしない禿山の連なり、多少の灌木位は生えているのでしょうが枯草色一色の彩色、この単調にして且つ雄大な景色を前にして暫し息をのむ思いでありました。

機甲部隊へ入隊

眸をこらして眺めると丘陵台地の彼方此方に建物らしきものが点在しているのがわかります。輸送のトラックに分乗して長い緩やかな坂道を登って行くにつれて、先ず給水塔の頭部が見え次に兵舎の煙突が次第に見えてきます。この給水塔は満州の兵舎のシンボルみたいなもので、殊に起伏の少ないこの大陸では行軍の行手《ゆくて》に塔の先端から見え始め、近づくに従って塔の全体が見えるといった具合に目標としてよく使われました。

私の乏しい記憶を頼りに、当時関東軍の虎の子と言われた機甲部隊（一部は既に抽出済）のうち牡丹江《ぼたんこう》付近の部隊の概略についてはこの章の末尾に記載しておく事にしますが、ついでのことに当時の私達が携行していた兵器等について簡単に述べてみましょう。

先ず皆も知っている帯剣《たいけん》はその形から「ごぼう剣」とも呼ばれました。銃は歩兵の三八式より少々短めの九九式短小銃で、下士官などでは拳銃携帯の場合は小銃を持たないのが原則なので、数としては案外少なかったように思いました。そして一般の人達から兵隊さんの象徴とも思われている背嚢《はいのう》ではなく、まるで武者修業みたいな背負い袋に雑嚢といった格好で、一般的な歩兵の重装備とは比較にならぬ程の軽装でした。私の配属された整備中隊は前にも述べたように、第一大隊から第三大隊が砲によって戦闘する戦砲隊と呼ばれるのに対し、後方段列と呼ばれて、車輌・機器の補修整備、糧秣資材の供給輸送などを任務としていました。そんな訳で中隊の凡そ半分が各種の技術を持った兵技兵、その他は自動車等の運転にたずさわる操縦兵という構成となります。

小隊及び班の編成を前にして、中隊本部で各人毎に経歴並びに家庭の状況、自分の長所と短所など詳細に申告させられました。私は率直に自己の性格について、短所としては「人見知りをする。積極性に欠ける」で、長所としては「特になし」と申告しますと、人事係の曹長殿から「明確な答えで大変宜しい」とほめられ大いに面目をほどこしました。こんな訳で陸軍砲兵二等兵甲斐裕文は整備中隊第三小隊第一班配属を命じられた次第であります。ちなみに同日入隊した大畑二等兵は確か第二大隊の配属になったと思います。

私的制裁と軍紀

各内務班に配属されたのは今考えてみると、十一月二日ではなかったかと思われますが、それはこんな理由からです。

入隊の夜は初年兵歓迎とかで、上げ膳下げ膳の御馳走もありお酒も少し出て、初年兵にも自分の得意な歌を自由に歌わせるなど無礼講の限りでしたし、翌日の朝飯が赤飯だったせいもあって、軍隊でも「明治節は矢張り御赤飯だなあ」と思った事があったからです。

ただし、この期待は見事にはずれ、赤飯と見たのはなんと高黍飯《こうりゃんめし》でありました。

私はこの祝日の翌日、そして翌々日の朝から昼へと時間が経過するにつれ、何となく古兵達が苛立たしい様子に変わってくるのがわかっていましたが、大方の新兵達はまったく無関心で、調子に乗ってお互いに騒いでいたのでした。

私の不吉な予感は見事に的中し、樺林《かばりん》の嵐は遂に夕食の後半から始まったのであります。「初年兵、貴様ら何時《いつ》まで飯食うてるんか」。このひと声から嵐は吹き荒れ始めました。まず四年兵あたりが二、三年兵を「初年兵の躾《しつけ》がなっちょらん」と言って殴るのから始まって、次は殴られた二、三年兵が「軍人精神を叩きこんでやる」と言って新兵を殴ってお返しをするのです。

樺林、満州戦車第一師団
機動砲兵第一聯隊に入隊

そういう具合で個人個人の不始末はどんな些細な事であれ、すべて新兵全員の連帯責任という事ですから制裁の理由には事欠くことはありません。

それにしても、新兵の中には何をやってもうまくゆかないというのがいるもので、そのため連日連夜が「眼鏡はずせ。足を開け、奥歯を噛め」という調子でした。こんな場面で顔をかわしたり倒れたりしようものなら、「気合いが入っていない」といってまた余分に殴られるのがおちです。

拳骨や平手で殴られるのは、まあまあ良いほうです。此方《こちら》が痛い分彼方《あちら》さんも多少は痛いでしょうから。その他殴る為の小道具としては帯革《たいかく》（ベルト）上靴《じょうか》（スリッパ）などでしたが、中でも一番痛いのはゴム製のスリッパを水に浸して殴るのだそうです。これは痛みの割に傷が残らないのが特徴とかで、私は幸いにしてこのような道具で殴られた事は一度もありませんでした。

いうまでもなく私的制裁なるものは、既に公《おおやけ》には禁止されていたのですが、まだ軍紀保持の名のもとに半ば公然と行われていたのだそうです。このような、いわば陽性の制裁方法はまだ良い方で、例えば「九九式短小銃による捧げ銃○○回」「木銃《もくじゅう》による直突○○回」とか、机と机の間に両手で身体を支えての「自転車漕ぎ○○回」「鶯の谷渡り」等々数えあげれば枚挙に暇なしといった具合です。

こんな制裁が殆ど毎日（日曜は時に休みあり）の夕飯後の点呼後から始まり、それが消灯の時間まで延々と続くのでした。

軍隊生活、それも初年兵の嘆きを唄った俗歌も数多くありますが、それはまさにその歌詞の内容を地でゆくような、悲しくもまた哀れなる姿ではありました。

第一章の参考資料

戦車第一師団の概要

機動歩兵三ケ聯隊　機動砲兵一ケ聯隊　機動工兵一ケ聯隊

自動車隊一ケ聯隊　戦　車　一ケ連隊

※これらの部隊が牡丹江、掖河、寧安、石頭の各地域に駐屯していた。

私の入隊した部隊の固有名称

満州戦車第一師団　機動砲兵第一聯隊「通称一〇七部隊」

一〇七部隊の編成の概略

第一大隊（一〜三中隊）十サンチ加農砲《カノンほう》（自動牽引車付）

第二大隊（一〜三中隊）十五サンチ瑠弾砲《リュウだんほう》（自動牽引車付）

第三大隊（一〜三中隊）七十五ミリ自走砲

整備中隊（聯隊の段列として機器の整備補給輸送等の任務を持つ）

移動炊飯車、移動旋盤車、移動鍛工車などの特殊車輌四トン六トン級トラックを主体とした車輌群を配備しその他指揮官車をはじめとして隊構内溢れんばかり。実に中隊人員四、五名に一両位の割の車輌数を保有していた。

大規模な最新設備を備えた整備工場

古兵《こへい》　兵役年数の古い兵隊のことで二年兵から五年兵それに四、五年兵の間が関特演といった。

関特演《かんとくえん》　ノモンハン事件以降軍部が満州における対ソ連戦を想定して、関東軍特別大演習と称した。臨時徴集による大動員を行い関東軍兵力の増強をはかった時の召集兵の略称

幹　候　幹部候補生「尉官以上の将校養成の制度」

下士候　下士官候補生「伍長以上の下士官養成制度」

木　銃《もくじゅう》　小銃の形態を模して作った銃剣術用の木製銃

第二章　軍隊での生活

戦友と内務班の日々

ここで皆様もよくご存じの軍歌「戦友」、〝此処は御国を何百里〟で始まる歌詞の中に出てくる「戦友」とはちょっと違った意味の、中隊内務班における戦友の定義について話してみます。まあ早い話が古年兵のための「個人用召使」とでも言いましょうか、軍隊の飯を四、五年間も食ってきた古年兵に新兵を割り当て、古年兵達一人一人の靴磨き、銃器の手入れ、肌着洗濯から裁縫の真似事に至るまでバッチリやらせ、死にもの狂いの新兵達を尻目に、古兵達は二段寝台の上段で煙草でも吸いながら気炎を上げているといったのが内務班の日常の姿でした。

一方、初年兵といえば、三度の食事の度毎に「飯揚げ」、食器の盛付けから後片付け「バッ缶返納」に至る一連の作業、並びに班内の清掃等当然新兵に割り当てらるべき雑作業。それに戦友当番の諸作業。これらの仕事をそれこそ独楽鼠《こまねずみ》のように動き回ってやり終えると、漸く自分の銃の手入れ、靴磨き、洗濯等の順番になる訳ですが、残念ながら時既に遅く時間切れ。その結末は言わずと知れた、お定まりの「制裁コース」に直行という事になるのでした。

しかし「習うより慣れよ」という諺のとおり、こうした毎日が続くうち可笑《おか》しなもので時間の配分法とか、ちょっと手を抜いてよい所と絶対やって置くべき事とかが、自然と身についてくるから不思議なものです。

軍隊での金科玉条たる「軍人に賜りたる勅語」の第一条に「軍人は忠節を尽くすを本分とすべし」とあるのをもじって「軍人は要領を本分とすべし」という言葉をよく古兵連中が内緒の笑い話等に使っていましたが、これは実にこのような事柄を言ったものでしょうか。まさにその辺の機微《きび》を穿ち得て妙と感心している次第です。

前にも述べましたように入隊時に於ける中隊本部での心証が良かったせいか、私の戦友は東京出身の五年兵でT兵長と決まったのです。この古兵殿はM大学予科出身でしたが、どういう訳か幹候にも下士候にも志願されなかったという事を聞きました。穏やかなお人柄で非常に達筆な方で中隊本部の書記の仕事をしておられました。思えばこの戦友殿のお陰で私はあの苛酷な新兵の時期を切り抜けたと言っても過言ではないでしょう。

そんな経緯《いきさつ》もあってか私は、新兵でありながら中隊当番として中隊本部で事務的な雑務をする事が多く、これは他の使役《しえき》に較べても肉体労働としては格段に楽だったように思います。

夜毎の樺林嵐《かばりん》は相変わらず吹き荒れていました。それが特に激しいなと予想される時など丁度その頃合いを計ったように、「甲斐二等兵本部事務室へ駆足」という伝令が来るのです。私は間髪を入れず、「甲斐二等兵只今から公用のため中隊事務室へ行って参ります」と班長殿に申告して内務班を出るわけですが、有難いような同年兵には申し訳ないような実に複雑な心境だったと記憶しております。

しかしこんな都合のよい事ばかりは続きません。兎に角良きにしろ悪しきにしろ殴られるのですから、よく消灯後の便所の中で戦友から貰った情けの「堅パン」を囓りながら、口惜しさと情けなさに声をころして泣いたものでした。

一期の検閲終わる

すっかり話が落ち込んで仕舞いましたから、今度は話題を変えて隊内での日常訓練などに移ってゆきましょう。

起床ラッパから先ず「朝手入れ」、これは民間でいう担当車輌の清掃作業です。上下つなぎの作業衣を着て真冬でも編上靴《へんじょうか》といったスタイルですが、同じ陸軍でも他の兵科と違っているのは、靴底に鋲が打ってないことです。これは異常に空気中の湿度が低いため、僅かな衝撃による火花でも燃料のガソリンに引火する危険を防止するためだそうです。

このあと慌ただしく朝食を済ませ、愈々《いよいよ》各科に分かれての演習が始まります。私の中隊はご承知の通り兵技兵の他は操縦兵ですから、新兵も当然みんな自動車運転免許所持者とばかり思っていたのですが、案に相違して免許所持者は数名にしか過ぎず、私はお陰で初年兵でありながら教官助手という仕事を受け持たされる事になってしまいました。

車社会の現在では自動車の運転免許を取得するにしても沢山の教習所が揃っていますし、しかも実技試験免除というオマケがついている時代ですが、当時の自動車運転免許取得といえば大変な狭き門だったのです。

それにしても軍隊での指導と訓練は当時の民間のものと較べてみても物凄く厳しいものでありました。学科の中に出てくる用語にしても構造理論から機械器具の部品に至るまですべて軍隊用語化されていましたから、皆これには戸惑ったようです。幸いな事に私は鉄道教習所時代にこの方式で教育を受けていましたので大いに助かりました。

当時の訓練の模様を、試みに軍隊式用語で解説すると、実技演習では四屯無蓋車の後車軸差動機の箇所を機械で高く上げて固定、実技者を操縦席に搭乗させて変速機回転速度と加速機踏込み角度の相関関係、変速槓桿《こうかん》の操作の機敏性等につき反復訓練を実施する、と言ったところでしょうか。

この操作の際、少しでも変速機の噛み合う音がすると、即その場で連続ビンタという気合いの入った訓練でしたから、新米教官助手の立場としても沁々初年兵の悲哀を感じさせられたものです。

軍隊に入って初めての正月の行事等については何ひとつ思い浮かびません。恐らく一期の検閲に備えての猛訓練や、内務班での戦友や我が身の始末に追いまくられていた毎日だったのでしょう。

てんやわんやのうちに悪夢のような三カ月は過ぎ去り「砲兵一等兵を命じられました」との申告を無事済ませたのは、確か一月の下旬だったと思います。

その頃、私達の中隊にも待望の新兵が入って来たのですが、それがなんと現地召集の補充兵、しかも○○役所課長だったというような人達と朝鮮からの現役徴集兵だったのには可成りがっかりしてしまいました。

そういう訳で待望の一等兵にも進級し、ほんのちょっとばかり古兵にもなりましたが、肝腎の新兵さんが物の用に立たないというのでは日常の仕事は少しも楽になりません。それどころか逆に不寝番と衛兵の勤務が増える事になりました。

不寝番は文字通り中隊内の寝ずの番で、三時間三交替だったと思います。辛いと言った所で同じ中隊の営舎内の事で比較的気が楽ですが、衛兵勤務はそうはゆきません。いうなれば整備中隊を代表して二十四時間聯隊の警備にあたるのですから、衛兵司令以下の各員とも上番に当たっては非常に緊張したものです。特に表門立哨の場合は欠礼（表門を出入りする将校等に対してその階級相当の栄誉礼喇叭《らっぱ》吹奏行うを欠いたりすること）でもしようものなら、それは直ちに重営倉ものでした。

私の初の衛兵勤務は弾薬庫動哨《どうしょう》でした。朝からの雪が夜に入っても止まず軍歌にも歌われる通り「満目百里雪白く」といった感じでしたが、雪明かりというものは案外闇夜でも明るいものだと初めて実感した次第でした。

砲兵聯隊ですから弾薬庫の広さは大したもので、周囲をゆっくり警戒し雪を踏みしめながら歩いて、たっぷり二時間はかかったと思います。防寒帽防寒外套等に身をかため、九九式短小銃に実包を装填し着剣という完全軍装、まさに実戦体制の装備そのもので歩哨の任に当たったのです。

今では昔話にしかなりませんが、旧陸軍時代の「作戦要務令」歩哨の任務の項には「敵について発見したるときは機先を制して誰か、と呼ぶ。三回呼ぶも答なければ殺すか又は捕獲すべし」とあるのですが、時には週番士官が前触れなしで巡察に廻って来る事もあるので、やたらと発砲する訳にもゆきません。現に私も一度怪しい人影が出没するのを発見し、流石に緊張はしましたが二回目の誰何《すいか》で「週番士官」と名乗られ、「動哨中異常ありません」と大声での報告を行い、ほっと胸をなでおろした事もありました。

酷寒と凍傷の話

今度はこの満州の寒さについて書いてみようと思います。同じ満州でも私達部隊の所在した東満州地区は、北満州地方と比較すると随分と凌ぎ易いのではないかと言う人もいますが、私には北満の地に行った事がないので何とも言えません。ただし後述するシベリヤの寒気に較べるとまだまだ東満の方が随分と暖かかったと思います。

それはさておき、当時在満部隊では内地から配属された初年兵に対して「耐寒訓練」なるものを実施していました。気温が零下二十度位の比較的無風の日を選び、初年兵全員が営庭に整列。「防寒大手套《てとう》はずせ」の号令から訓練が始まります。最後に左手の毛糸製防寒手套を脱いだところで「左手を上にあげ」の号令が掛かります。

手袋を抜くや否や左手掌全体に刺すような痛みが走ります。なおもこの猛烈な痛みに耐えながら指の第二関節までが凍って全く血の気がなく青白くなるまでこの姿勢が続くのです。それから号令に従って手を降ろし、兵舎の風の当たらぬ場所で今度は左手の凍った部分が解けて血色が甦ってくるまで両手をこすり合わせるのです、この時の激痛は指が凍結する時の痛さより数倍も激しいものである事を身をもって実感した次第でした。

こんな場合、急に暖かい場所に行ったり、その部分に熱でも加えようものなら手の指は直ぐに壊疽《えそ》となり、切断しなければ一命にもかかわる事になるのです。

この悲惨な実例は、私がまだ入隊後日も浅い頃中隊内で起こりました。鹿児島出身の初年兵S二等兵が「飯揚げ」使役に行った炊事場での事、あまりの冷たさに手を少しでも暖めようとお湯の容器に手を入れた途端、瞬く間に指の先から黒変し、直ちに医務室へ運ばれましたが遂に右手指の三本を第一関節から切断するという憂き目にあったのです。

ここで母の話を持ち出して恐縮ですが、私の出征中母はよく姉達に「裕文が凍傷にかかっている夢を見た」と言って心配していたそうです。事実私の子供の頃の霜焼けの酷さは有名なもので、冬になると手足の甲まで腫《は》れあがって靴も満足に履けないような事も度々あったからです。

このあたりでは零下十度程度で風が無ければ「今日は暖かいなあ」と言っていた位でした。ご存じのように風速一メートルにつき一度温度が下がる訳ですから、風がさほど強くなければ体感気温は冬期平均で大体零下二十度から四十度どまりだったと思います。ただし兵舎の中は二重の硝子窓とペチカのお陰で、厳冬期でもシャツ一枚で過ごせるほど暖かでした。

その為か、野外演習から帰って不用意に内務班の扉に手をかけると、ピタッと掌《てのひら》が扉の把手に凍りついたり、室内に入るなり持っていた銃に真っ白な霜が着いたものです。そして凍っていた睫《まつげ》の氷が解けるにつれて涙が流れ始め、凍ってこわばっていた表情も次第に緩み、やっと元の顔に戻るのです。

この年の紀元節は噂によると、なんでも記録的な寒さだったそうですが、吹きっさらしの煉兵場に直立不動の姿勢で整列しているうちに、手足の指が凍りそうで、甚だ申し訳ない事ながら銃は防寒大手套の紐に引っ掛け指を屈伸させたり足踏みをしたりしながら寒さを我慢した事もあります。

一方、爽快な思い出として、抜けるような蒼空の下《もと》、すっかり凍結しきった壮大な松花江《すんかりー》の氷上を六トン車を縦横無尽に走らせた事など、今となってはかけ替えのない貴重な思い出となってしまいました。今度は少しばかり尾籠《びろう》な話で申し訳ありません。と言ってもこれは人間生きる限りは絶対欠かす事の出来ない排泄作用の話です。

もうおわかりのように、厳寒の地の事とて、毎日毎日大小の汚物汚水の山が便所に築かれます。これを放置していると笑い事でなく大怪我の因《もと》になるのです。そこで月に何回かこの氷山崩しの使役がある訳ですが、鶴嘴《つるはし》または大きな鉄棒を用いての重労働。作業中はどうしても黄金の氷片が飛び散るので、一仕事済んだ後いくら入念に払い落としたつもりでも被服の彼方此方《あっちこっち》に付着していた細かな氷片が、室温で解け始めると同時に悪臭を発し始め、忽《たちま》ちあたりは古兵達の怒号の嵐という事も度々ありました。

要領を本分として

中隊内での日常生活のうち、ここでは入浴にまつわる笑えない笑い話をひとつ。もう初年兵の苦労の数々についてはわかって頂けたでしょうが、新兵には入浴する余裕時間なんかある筈がないのがわかっているのに、入浴をしないと即制裁でどやされる。このような不条理が軍隊では平然と罷り通るのです。私達新兵は苦肉の策として、「入浴の申告」をして洗面用具を持って内務班を出て、浴場では手早く手拭と頭を濡らすや否や、さっと内務班に引揚げる、といった離れ業をよくやりました。厳冬の屋外では浴場から中隊までの僅かの時間に手拭がまるで金棒のようにカチカチに凍ったものです。

一等兵に進級し軍隊の飯にも慣れてきたせいか、この頃は体重も入隊時より増加していました。恒例ともいえる週一回の「非常呼集」にも慣れ、軍歌演習や自動車による野外行軍も人並みにこなし、酒保《しゅほ》の利用もおおっぴらに出来るようになった頃、またまた困った事が起こってしまいました。

これは私の小隊ではないのですが、前にも述べた朝鮮出身の新兵達が集団で脱走騒ぎを起こしたのです。その理由はといえば訓練の厳しさに耐えかねて、の一言に尽きるでしょうが、かく申す私達でさえそんな気持ちになったかもわからぬ程の猛訓練では、さもありなんという感じがしないでもありません。それにしても一度ならず二度三度とこの騒動が続き、その都度捜索のために非常呼集がかかり真夜中でも叩き起こされるのには閉口しました。

話はまた変わります。軍隊という社会は員数《いんずう》という事に非常に厳しい所なのです。武器弾薬については言わずもがなの事で、襦袢《じゅばん》、袴下《こした》、襟布《えりふ》、上靴《じょうか》に至るまで所持数量のチェックが常時実施され、この検査時に規定の数を持っていないと制裁はもとより、悪くすると営倉行きともなりかねません。

あれは確か珍しく午後の演習が予定より早く終わった日だったと思います。やれやれ、これで少しは楽になれるぞ、と浮き浮きしながら小隊の入口で上靴に履き替えようと靴箱を見ると、さあ大変、私の上靴が見当たらないのです。他の内務班の分を調べてみても紛れこんでいる様子もなし、さては他の隊の連中に「さしくられた」と咄嗟《とっさ》に感じました。この儘では紛失事故として私のみならず新兵一同に制裁が及ぶのは必定です。

意を決して辺りの様子を窺うと、幸い付近に人影もなし、そこでこっそり第二小隊の靴箱を覗いて見ると、なんと私のとそっくりの上靴が入っているではありませんか。これぞまさしく天の助けとばかり、何食わぬ顔で持ち帰ったまではよかったのですが、やっぱり誰か人影を見かけた者が居たらしく、夕食のあと暫くして隣の小隊の某班長が我が小隊の各班をあれこれ聞きに回っているではありませんか。見つかった時はそれまでと半ば諦めて腹を据えて平然としているうち、とうとう私の班に順番がきたのです。内務班長は東北出身下士候出の伍長でしたが、この班長殿東北弁で答えて曰く。「員数つけられて兵隊の代わりに班長殿がわざわざお出ましとは恐れ入った。だがなあ班長さんよ、うちのもんにゃ員数つけられたら直ぐお返しするよう厳しく教育しとる。誰がやった事かしらんが　こりゃ表彰もんじゃ」と豪快に笑い飛ばし、お陰でこの一件は事なきを得たのでありました。

考えて見ればお互様の泥棒ごっこその儘の泥仕合、何とも品のない話でしたが、これもまた兵隊社会に生きてゆくためには欠くことの出来ない厳しい掟のひとつなのでありました。

このような極めて単純明快で、しかも不条理だらけの軍隊という世間から隔絶された別社会を、しぶとく逞しく生き抜いてゆくのは実に大変な事なのです。

私にも漸く立前と本音、表と裏の使い分け等々が判りかけてきた頃、ちょっとした傷が原因で入院するという羽目になって仕舞いました。そしてそれが私にとっては第二の運命の岐路ともなるのであります。

第二章の参考資料

【軍隊用語のあれこれ】

飯揚げ　兵隊達の三度の食事を受け取りに行くこと

バッ缶　御飯または副食を入れる大きなバケツ状のアルミ製容器

使役《しえき》　隊内の雑用等に各隊に割当てられた作業人員

一期の検閲　新兵としての基礎教育期間の三カ月にどの程度習熟したかを内務生活および実技等により検定する。

　この検閲に合格すれば晴れて待望の陸軍一等兵に進級する。

上靴《じょうか》　編上靴のお古で作られたスリッパ

員数《いんずう》　規定の数量のこと

さしくる　他人の物で帳尻を合わせること

動哨　動きながら警戒する歩哨のこと。「立哨」はその反対。

誰何《すいか》　「誰か」と不審な者をとがめ確認するための歩哨用語

酒保　軍隊内の売店のこと。新兵さんには高嶺の花であった。

防寒大手套　丁度ミトンのような形をした吊り紐付きの防寒用の手袋。外側はラシャ、内側は兎の毛皮で当時私達の防寒用具しては最上の品であったようです。

【自動車関係用語】

後車軸　リヤーシャフト

差動機「歯車」　デファレンシャルギヤ

嵩上機《こうじょうき》　ジヤッキ

変速機「梗桿《こうかん》」　チェンジレバー

加速機「弁」　アクセルペダル

鉄線鋏《てっせんきょう》　ペンチ

操向転把《そうこうてんぱ》　自動車のハンドル

第三章　さらば、関東軍

入院して

人間の運命というものは不思議なものです。私が現在こうして生き延びていられるのも春秋の筆法を以てすれば、この些細な負傷に起因すると言えるでしょう。

今でもその原因ははっきり判らないのですが、多分右足踵の靴擦れを、すぐ手当も何もせず放置しておいたためだと思います。その後、右足の痛みにも耐え演習は欠かしませんでしたが、右大腿部が少しずつ腫れるに従って歩行も次第に困難になってきました。とうとう見かねた班長からも「煉兵休をとって医務室に行け」と命じられ、戦友に付き添われて医務室に行く事になったのでした。衛生兵は患部を一見しただけで即刻その場から入院と決定、担架のまま車に乗せられ、一〇七部隊からひと山越えた丘陵にあった樺林《かばりん》陸軍病院に移されたのです。

その頃から急激に発熱し昏睡状態が続いたらしいのですが、注射の痛みで気がついた時、軍医らしい人の「もう手遅れかなあ。ちょっと危ないがやってみるか」というひと言が今でも耳に残っています。麻酔抜きでの手術でどれだけの痛さがしたものか、これもはっきり記憶にありません。

後日衛生兵に聞いたところでは、大人の掌がすっぽり入る程の深さがあり、しかも拳大の膿嚢が二つも連続して出来ていたらしく、まかり間違えれば敗血症で「戦病死間違いなし」だったという事でした。こんな大きな手術のあとでしたから、毎日の治療とガーゼ交換の時は、あまりの痛さに失神するかと思う程でありました。

幸いにも予後の経過は非常に順調で、傷口の癒着を残すのみとなりましたが、今度は一〇七部隊が内地に帰還するということになり、傷口の癒えきれないまま退院、取り急ぎ原隊に復帰する事となったのです。

前にも話したように昭和十八、九年頃から戦況は至って芳しからず、かつて精強を誇った大関東軍も、なしくずしに南方前線或いは本土防衛等の為大規模な抽出作戦が続けられていたのです。

理由はともあれ内地への帰還を喜ばない者がいるでしょうか。聯隊挙げての盛大な祝賀祭の開催、酒甘味品等の支給、また隊内の各箇所では砲兵の歌、マル機の歌、関東軍の歌などで気勢をあげる下士官と古兵達、素人の手になるとは思えぬ程に飾り立てられた舞台では、俄《にわか》仕立ての役者連中による華やかな芝居なども上演されました。

然しその一方では私も含めて入院下番の兵達については、戦力が低下するとの理由で残留と決まっていたのです。私達は浮き浮きとはしゃぎ回っている大多数の中を、泣きたい気持ちで辛い思いを嚙みしめながら、ただ黙々と部隊の移動準備を続けたのであります。

私が復員してから聞いた噂話がありますので、事の信憑性はさておき書き留めておきたいと思います。

「本土防衛のため茨城県九十九里浜海岸付近の敵上陸作戦に備え本土へ向かった関東軍機動部隊は、輸送途上玄海灘において敵駆逐艦戦隊に捕捉攻撃され、その大半を失うこととなった　云々」

しかし戦後幾多の歴史小説やＮＨＫ番組「街道を行く」シリーズ等の作品で、皆様もよくご存じの司馬遼太郎先生も、奇しくもこの時戦車部隊の将校として上陸作戦に参加されたようですから、我が一〇七部隊にしても前述の報道にかかわらず損耗は案外軽微で、憧れの内地帰還の悲願が叶ったのかもわかりません。

戦後あの大牟田三池炭坑閉山にかかわる大争議の終末に臨み、「去るも地獄。残るもまた地獄」とその苦衷の心情を吐露された当時の炭坑労組委員長某氏の言葉が新聞紙上で話題となりましたが、私達の場合もまさしくその通りだった訳です。

本隊主力が転出してしまうと嵐の後の如き静けが残留部隊を訪れます。なにしろ何処か身体に支障があって残された兵ばかりですから、お互い気合いも入らず、楽といえば楽な毎日ではありました。

丁度その頃から部隊周辺では、演習その他で部隊が移動する度に彼方此方で信号弾がよく打ち上げられるようになりました。もともと東満地区は韓国併合に反対して越境、この地方でパルチザン活動を行っていた反日分子集団の多い地域として有名でしたから、時局に鋭敏な彼等のこと故その諜報活動もより活発になり始めていたのでしょうか。

再訓練の日々

間もなく私達の部隊は寧安から北上して牡丹江《ぼたんこう》の東部の掖河《えきが》に集結し、歩兵聯隊として新しく再編成される事になりました。部隊名の記憶が正確でないかもわかりませんが、歩兵第二七七聯隊ではなかったかと思います。殆どの兵隊が入院下番経験者又は病弱者或いは原隊であまり成績が芳しくないと目星を付けられていた兵達ばかりのようです。しかも数カ所からの寄せ集めでしたから、班の編成後も出身部隊毎に仲間集団を作るなど仲々纏まらず、その集団同士でも内輪もめ・喧嘩口論等も度々あったようです。

兵科が変わって一番苦労したのは擲弾筒《てきだんとう》の取り扱いでした。小銃は銃身が少し長くなった位ですから何という事もないのですが、擲弾筒の場合はいくら小さいからと言っても一種の砲、その取り扱い方や整備点検には余分な苦労をさせられました。

また特に奇異に感じたのは防毒面に対する扱いでした。砲兵隊でもガス兵器に対する訓練が無かった訳ではなし、防毒面にしても○○年式と製式名称で呼んで随時携行していたものです。ところが歩兵聯隊では軍事秘密として、固有名称は使用せず「秘甲」と呼ぶ慣わしだったのには只吃驚《びっくり》するばかりでした。

また、対ガス作戦要員（通称ガス兵）を選抜する時は、候補者数名を一室に入れ、微量の催涙ガスをひそかに放出し、「どれだけ早くガスを感知出来るか」という方法が取られました。そして幸か不幸か私はこのガス兵として選抜されたのです。

ガス作戦要員は小隊毎に一名だけでしたから、言うならば一般兵より稀少価値があります。そのせいか学科、実科共に訓練は厳しいものでしたが、訓練の総仕上げともいうべきガス戦模擬演習には流石に参りました。なにしろ今までの身軽だった砲兵の装備と違い銃剣に背嚢、帯革《たいかく》の前後に弾薬盒《だんやくごう》装着という完全軍装、その行軍だけでもアゴを出しかねないのに、防毒面を着用して長距離を駆足行軍をさせられたのにはまったくお手あげの状態でした。

あれやこれやで慌ただしい一、二カ月でしたが、それなりに成績は上がったらしく上等兵候補者としても指名され、部隊に下士官の数が少なかった所為《せい》もあって、衛兵勤務では先任下士官でも仲々なれない衛兵司令までも命ぜられました。

運命の日

当時の私達には全《まった》くわからなかった事ですが、戦局は次第に緊迫の度を増していたのでしょうか、部隊は掖河の兵舎を退払《ひきはら》い、鏡泊湖《きょうはくこ》付近一帯に構築された陣地に移る事になったのです。

鏡泊湖とは大まかに言うと、牡丹江と当時の鮮満国境とのなか程にある大きな湖ですが、この周囲の山中の陣地に拠りソ連軍の進攻に備えるという事でした。有態《ありてい》に言えばソ満国境防衛第一線から一歩も二歩も後退したゲリラ戦用の陣地なのでありました。そのためか陣地といってもほんの名ばかり、掘建小屋にタコ壺や簡単な塹壕を掘り巡らした程度の甚だお粗末なものでした。

毎日の訓練といえば今では思い出しても笑止の沙汰ですが、各自手榴弾を抱いて敵戦車のキャタピラーの前に身を投げ出し戦車を爆破するという、所謂「肉攻作戦」等の反復でした。

八月九日がソ連対日参戦の日だったとは後日初めて耳にした事でしたが、この情報が事前に判明しておりさえすれば、後述のような憂き目には遭わずに済んだ事でしょう。

そんな或る日の事、伝令から「聯隊本部に自動車運転可能なる者二名直ちに出頭すべし」という命令により選抜指名を受け、同じく指名を受けた大畑一等兵（なんと彼も歩兵への転属が一緒だったのです）と取り急ぎ本部へ出向く事になりました。

任務の内容は牡丹江《ぼたんこう》駅に貨物自動車二両を受領に行けとの事、お安い御用とばかりホイホイとふたつ返事で引き受けたのでしたが、それが考えてみれば八月十三日の事なのでした。

無鉄砲という言葉がその儘あてはまりますが、二人共小銃も携行せず（携行したくても出来なかったのです）帯剣だけという軽装で陣地を出発、鏡泊湖の湖上輸送を受け持っている船舶兵の下士官から「そんな装備じゃ危ないよ」と前途を危惧されつつも無事対岸に渡して貰いました。険路を辿り漸く遥かに牡丹江駅を見下ろすことの出来る高地に着いた時、突然視線の中に飛び込んできた光景は思わず腰を抜かさんばかりの驚くべきものでした。

それは大きく扇型に展開して激しい砲火を浴びせかけている十数両に及ぶソ連の戦車群と、黒煙の渦巻くなか紅蓮の炎を高くあげながら燃えさかる駅舎や糧秣倉庫等が、さながらサイレントパノラマの如く、地獄絵も及ばぬ程の凄惨な姿であったのです。今までニュース映画などでも戦争の場面とか悲惨な戦場の有様等も観ていましたし可成り良く理解していたつもりでしたが、自分の目でこの現実に直面した時はどう対処すべきかの判断はおろか、突然思考が停止した感じで頭の奥が真っ白になり、暫くは胴ぶるいが止みませんでした。

両名とも何かに取り憑かれたかのように大急ぎで帰隊してみると、なんと部隊はこの陣地を撤収し更に後退するとのことで、上を下へてんやわんやの大騒動のさなかでした。勿論この際ですから編成順にもよらず、撤収準備の整った隊から山を下りて行くのです。私も慌ただしく装備を取り纏めて本隊に遅れじと頑張ったのでしたが、如何せん帰隊が遅れた分だけ出発も遅れ他中隊の殿《しんがり》について行く事となってしまったのです。

死線をさまよう

陣地を捨て山を下るのは私達兵隊ばかりではありません。軍人の家族やその使用人達の一群も車に荷物を満載して羊腸の急坂を慌ただしく下って行きます。お互いに言葉を交わす心の余裕すらなく、黙々と唯ひたすら安住の地を求めての逃避行であります。

途中の満人集落などは努めて避けて行かねばなりません。なんとなれば、この人達は強者弱者の違いに敏感ですから、様々な情報が洩れていて何時なんどき報復されるかわからないからです。

そのうち私は不運な事に、次第に腹痛を覚え始めたのです。早朝からの激務がこたえたのか汗をかいた儘の身体が冷え込んだのか、お腹の調子も急激に悪くなり、堪りかねて隊列を離れ二、三回用を足しているうち、次第に集団に遅れ始め、とうとう隊列集団から落伍してしまいました。

もう既に夕日は広大な高黍《こうりゃん》畑に落ち、辺りには次第に霧と闇が押し寄せ始めました。こんな情勢の中で、しかもこのような場所での落伍は死を宣告されたも同然です。辺りは次第にほの暗くなって僅かに夕焼けの残照が残っているのみとなりました。最早立ちあがる気力さえ失った私は、それでも西の方角目指して力ない腕を前へ前へと伸ばしながら、「たとえ這ってでも帰隊しなければ」との必死の思いで辛うじて視線を前方へと向けたのです。

すると行手の闇の中から、犬がけたたましく吠え出しました。以前から満州の荒野の野犬の群れは、狼と同様に恐ろしく危険な存在だと聞き及んでいました。「嗚呼これで最後か」と覚悟をきめた時、次第に犬の吠え声が近づくにつれ確かに我が軍の歩哨の誰何《すいか》の声が聞こえたではありませんか。

地獄に仏とはまさにこのような事を言うのでしょうか。出ない声を振り絞って、とぎれながらも自分の所属、階級、姓名を名乗りますと、歩哨が「てっきり敵の斥候と思って、もう少しで銃撃するところだった。危ない所だったなあ」と言いながら、今は大人しくなった軍用犬の首輪を引き紐に止め、私を抱き起こし肩をかして呉れて所属中隊まで連れて行ってくれました。

勿論陣地に出発する時まで居た兵舎ではなく、いくつかの部隊の寄り合い世帯らしく多少窮屈でしたが、久し振りでの兵舎らしい兵舎に出会って嬉しさのあまり思わず落涙した程でした。中隊では私が無事帰ってきたのを班長以下皆で喜んでくれ、わざわざドラム缶の風呂にも入らせて貰い下着の取り替えまでも準備してくれるなど、本当に生き返った思いでした。この体験は数々の死線を越えて来たと自認する私にとっても、思い出す度毎に、あの時は本当に九死に一生を得たのだなあ、との感慨を新たにさせられるのです。

ゆっくり疲れを癒す暇などなく、翌日はまた早朝から軍装を整え更に南下した地点に抵抗線を築くべく強行軍が始まりました。

ソ連軍とは一戦も交えない儘の退却につぐ退却行です。夜に入ってから漸くの事とある兵舎に辿りつきましたが、此処も前と同じように数部隊が集結し混雑していたので、結局軍装の儘仮眠する事となりました。

そして明くれば八月十五日となるのですが、私達が戦争の終結を知り得たのは、確か一日遅れの八月十六日だったと思います。

ソ連軍進駐す

「戦争はとうとう終わったそうな」この噂は誰言うとなく皆の話題になり、此処彼処でひそひそ話が交わされていましたが、十六日の午後、遂に中隊長から「日本の無条件降伏という事で戦争が終結した」旨の訓示がなされたのです。

そんな訳でやっと私達兵隊はソ連軍の参戦の経緯とか、新型爆弾の本土投下の事実、そして天皇陛下の玉音放送の事情等の概要《あらまし》を知ることが出来たのです。

皆一時は気抜けしたように悄然としていましたが、その内に「これで戦争は済んだ。もう死ぬ事もない。そして内地へ帰れる」といった実感が次第に湧き上がり、思わず誰彼となく互いに肩を叩きながら喜びあったものでした。

それからまる一日位は、隊内の何処へ行っても内地の話で持ちきりでした。そしてそれは決まり切ったように、家や妻子の話から始まって必ず食い物の話で終わるのでした。今考えてみれば、当時の私達はやがて襲いくる非情にして苛酷なる運命の嵐をも知る由もなく、愚かにも唯ひたすらに目前の甘い夢に浸り続けて居たのでした。

私の所属する歩兵聯隊は臨時編成のためか所謂「軍旗」は無かったので、軍旗を焼くという行事はなかったのですが、それでも色々な書類等の焼却には大分手間取りました。ソ連軍との武装解除約定によるとかで、銃砲帯剣等の武器弾薬は一括梱包しました。そして比較的程度の良好な服装に着替え、前途に多少の不安を覚えつつも、「これが軍人として最後の行進か」と感慨を深くしながら、丸腰で今は見送る人とてない衛門を出たのであります。

所定の手続きが終わると、部隊はソ連軍の指示により蘭崗《らんこう》の飛行場跡へ向かう事になりました。勿論その時の私達には行先などわかる筈もありません。そしてこの日この行軍から、永い永い悲惨な屈辱だらけの私達の忍従の日々が始まる事になるのでありました。

私達の行進の行手は極めて厳しく且つ惨めなものでした。通過して行く集落集落では、拳を振り挙げ罵声を浴びせたり唾を吐きかけたりする満人や朝鮮人の大人と子供の大群集、そして集落を離れると今度は物陰からの汚物や投石に悩まされ続けました。しかし彼等としても整然と隊伍を整え行進している私達を襲う事はまだまだ出来なかったのです。本当の敵はやっぱりソ連軍兵士でした。私達の脱走等を警戒してか、隊列の前部と後部には着剣し物々しい装備のソ連軍兵士が配備されていたようですが、掠《りゃく》奪《だつ》者達は自国警備兵の監視の目を巧みに盗んでは掠奪の限りを働くのです。

掠奪は先ず最初は腕時計、それから万年筆の順で強奪していったようです。あまりの無法さに堪えかねて恐る恐る警備兵に通報すると、申し訳のように巡回をしますが、一巡りの巡回が済むと再び前よりも酷い掠奪行為が始まるのでした。その日たった一日の行軍で私達の大方が腕時計と万年筆を奪われ、なかには新品の軍靴をソ連兵のボロ靴と交換させられた者もいました。

後日目を通した書籍によると、当初ソ連軍部は関東軍の兵力と装備を可成り過大評価していたようで、堅牢な陣地に拠る頑強な抵抗戦をも想定、自国軍の多大な犠牲を予測していた。このため対日第一線にはシベリヤ流刑《るけい》中の凶悪な囚人により編成された部隊を配置したとの噂があった、という事が書かれています。その噂の真偽は別としても、私達が最初に出逢ったソ連兵士の格好たるや全《まった》く浮浪者さながらで吃驚してしまいました。ボロボロの軍服と破れた軍靴、埃と垢にまみれた顔、そして近づくとムッと異臭が漂う程でした。

ソ連邦が国の存亡をかけ、総力を挙げ死力の限りを尽くした彼のレニングラード攻防戦、ヒットラー総統率いる精鋭独逸軍との大血戦には、予測されたよりも早く訪れた冬将軍の助けもあり辛くも勝利を手中にし、欧州戦局を収拾するや否や、息つぐ間もなく矛先を東に転じ、長駆して対日戦線へと狩り出されたためなのでしょうか。

この兵士達の肌の色や顔だちも様々で、一見して鮮系蒙古系とわかる者を始め、トルコ系カザック系等と多種多様でしたが、スラブ系「白人」兵士の数は極めて少なかったように思いました。

敗戦行

どういう経路で行軍したか何度考え直してもさだかでないのですが、矢張り北へ北へと向かって進んでいたような気がします。幾たび焼け崩れた我軍兵舎の残骸を目《ま》のあたりにし、何度凄まじいまでに破壊され荒果てた開拓団集落を通り過ぎたことでしょうか。

また飽きる程延々と、果てしなく連なる高黍畑を通過する度毎に、遠くからでもそれと判る強烈な異臭が、私達に不吉な予告を与えるようになっていました。

異様ともいえる腐敗臭、それは衣服を全部剝ぎ取られ既に紫褐色に変色し腐敗し始め、最早軍人とも民間人とも識別出来ない程無惨に変わり果ててしまった遺体が此処彼処《ここかしこ》に転がっているのでした。そうした名も知れぬ多くの同胞の遺体に対し、いまは葬祭の真似事はおろか簡単な埋葬の処置すらもかなわず、心残りながら只、片手拝みで通り過ぎるのみでした。本当に申し訳ない事でしたが、この時は死者の世話どころか生きている我が身の処置すら覚束ない状態だったのです。

あまりの疲労に危険とは知りつつも隊列から離れ落伍して行く兵も次第に出て来ます。堪りかねて呼び戻そうと立ち止まると、「此処で止まっちゃいかん。貴様も落伍するぞ。その儘前進」との隊長命令、涙を呑んで行軍を続けた事も度々でした。

この惨めな行軍は日が暮れても延々続き、深夜になって漸く辿り着いた河の岸辺近くに野営の天幕を設営し、飯合炊餐《はんごうすいさん》で遅い夕飯を済ませ、夜霧の中で冷たい仮寝の夢を結んだのです。翌朝目覚めて見ると、昨夜は何も判別しないまま水を汲んだ岸辺には、数十体の民間人の遺体が累々と打ち寄せられ横たわっているではありませんか。

体力の限度を超える疲労困憊の果てに、少なからず心身に異常を来していたかに思われる私達にとっても、この事件は余りにも大きい衝撃でした。開拓団の惨状については、復員してから色々な図書等でその事実の詳細を知ったのでしたが、此処で眼に映じた光景、凄惨な映像の一齣《ひとこま》一齣は、四十数年を経過した現在でも瞼の裏に焼き付いて離れません。

またこの行軍の途中幾度《いくたび》か、大勢の日本の従軍看護婦を乗せたソ連軍のトラックが私達を追越して行きました。その看護婦さん達は、とぼとぼと恰《あたか》も屠所の羊の如く力無く歩き続けている私達に向かって、ちぎれんばかりに手を振っては「死んでは駄目よ。最後まで頑張るのよ。そして私達の仇をとってね」とソ連軍へと連れ去られる我が身をも顧みず、かえって私達を勇気づけ励まして呉れたのでした。

茶褐色の山肌の彼方に砂塵を巻いて小さく消えて行くソ連軍トラックの影、そして白衣の天使達の群像。あの看護婦さん達は、あれからどうなったのでしょうか。幾多の厳しい試練と苦難の道をも乗り越え、無事に祖国日本の土を踏むことが出来たでしょうか。何時までも心の奥底に重く刻み込まれて残る、苦く哀しい思い出です。

このような死線をさまよう日々が続きましたが、それでも私達は「日本に帰れる」という唯ひとつの希望によって生き永らえていたのでした。行軍中許された僅かな小休止の間にも、やがて自分の帰るべき故郷の話が飛び出します。そしてどの兵達も目を輝かせて家族の自慢や郷里の山河の美しさと食物の豊かさを語りあうのです。また帰ったら一番先に鮪の刺身でも食べるか。いや矢っ張り烏賊刺しがいいかなあ等と、如何にも困りきった様子で半ば自問自答しては悦に入っているのです。

傍目には甚だ滑稽ですが当のご本人達は至極真面目なのでした。単純な私達は「戦争が済んだから日本に帰れる」という、至極素朴な考えしかこの時は脳裏に浮かびませんでした。こんな苦労も只々帰還輸送のための部隊集結であり、単に帰還の順番を待つ間の滞在であると思い込んでいたのです。

警備のソ連軍の将校や兵士達が、口癖のように言う一つ覚えの甘言「ヤポンスキー　ダモイ　ハラショー」の言葉を素直に信じ込む程のお人好しだったのでした。

あとで話にも出てくると思いますが、シベリヤ抑留への旅立ちの時に始まり、入ソしてからも移動の都度、この「ダモイ、ダモイ」に翻弄され騙され続ける事になるのであります。

第三章の参考資料

マルキの歌　機械化（機甲）部隊で愛唱されていた歌。作者不詳

上番下番《じょうばんかばん》　これから勤務に就く場合が上番、終わった場合が下番

誰《すい》　何《か》　「誰か」と不審者をとがめ確認するための歩哨用語

衛兵司令　聯隊の表門等の出入り口の歩哨「立哨」弾薬庫等の周囲を移動して警戒する「動哨」。衛兵の控え人員等を含む衛兵全員の勤務割りを掌握し、欠礼等の事故のないよう全責任を持つた衛兵勤務の代表

タコ壺　最も簡単な対戦車用の一人壕。その形がタコ壺に似ているため

帯《たい》　革《かく》　幅の広い頑丈な皮製のバンド

弾薬盒《だんやくごう》　帯革をとおして前腹部両脇に三十発収納を二個、後背部に六十発収納の小銃弾を装着していたが腰にかかる荷重は大変なものだった（ただし正確な弾薬量については記憶していない）。

第四章　在満収容所にて

軍組織の解体

蘭崗の飛行場跡に着いてみると、驚いたことには既にもう沢山の部隊が集結していて、何処も此処も兵隊達で満ち溢れている状況でした。

兵科もまちまちなら服装の程度も様々でしたが、特に前線でソ連軍と戦を交えた部隊の兵は私達のそれと較べても気の毒に思える程惨めな格好をして居ました。此処に集合させられた人員はどの位だったでしょうか。いま考えてみても凡そ五、六千はくだらない人数だったように思います。

この頃のソ連軍警備兵の態度は、気持ちが悪い位非常に控え目で大声を出す事もなく、その都度我が方の指揮者を通して指示を出していたようです。

暫時の休憩があった後で、やがて集合の号令がかかり各部隊毎に二列横隊に整列しました。そして「右向け右」で偶数番号が一歩斜め前に出て四列に変わります。この儘なら何の変哲もない訳ですが、今度の場合は偶数番号で前に進んだ者は元の隊列には戻る事なく、そのまま行進して行きソ連軍将校の指示のとおり他の部隊の隊列に加わってゆくのでした。

横隊から縦隊へ、そしてまた横隊へと、何回整列を繰り返した事でしょうか。そして長時間に亘る整列の繰返しが漸く終わった頃には、なんと私の周囲にはかつての戦友達の顔ぶれはなく、見知らぬ他の部隊の兵隊ばかりになってしまっていたのです。

日本旧軍隊組織に対する「徹底的解体、分散化による精神的結合の破壊。将校及び下士官等の強制的引抜きによる指揮命令系統の麻痺と集団戦闘能力の無力化」これがソ連軍部の最終的な狙いだったのではないでしょうか。小は班・分隊単位から大は聯隊・師団にいたるまで、私達旧軍隊の兵隊達はかねてから「ただ上官の命令に拠ってのみ行動する」ように訓練されていたのですから、指揮命令する者を失った今となっては只の烏合の衆にしか過ぎず、ソ連軍の意の儘に操られる哀れな集団となり下がってしまったのでした。

こうやって約三百人位がひとつの単位として纏められ、それぞれが異なった方向を目指して警備するソ連兵士に連れて行かれてしまいました。

その日私達の入った集団は、すぐ近くにあった古い旧軍の兵舎の営庭に横一列に整列させられました。いったい何を始める気なのかなと思っていると、「営庭の向こうの端までかがんだ儘の姿勢で、前進しながら石ころと雑草を完全に除去せよ」という命令なのです。皆ががやがやと話し合いながらもこの作業を始めたのですが、そのうちに何処にでも居る知ったかぶりの兵隊が「帰国の順番を待ちかねて苛立っている兵達に、何もさせないで放っておくと危険だから、こんな暇潰しをさせるのだそうだ」とこう言うのです。すると周りの兵隊達もなんとなく納得したような顔をします。此処でもまた私達はソ連軍兵士の「ヤポンスキー　ダモイ　ハラショー」の言葉に騙されていたのでした。

しかし穿った見方をすれば、当時は敵襲を阻む為重要な建造物・施設周辺の必要な箇所には対人地雷等が埋設されるのはむしろ常識でしたから、我々は知らぬ間に人海戦術によつて、ソ連軍の地雷探査のため一役買わされていたのかもわかりません。

牡丹江《ぼたんこう》での日々

こうして新しく編成された私達の部隊は、最早部隊とは呼べないかも判りませんが、次の目的地の牡丹江を目指して行軍を始めました。

この行軍の途中は前にも述べたようなソ連軍一般兵士による掠奪行為はあまり無かったように思います。しかし今度は警備兵達までが煙草や黒パン等と、時計、万年筆との交換を執拗《しつよう》に迫ってくるようになり困りました。

東満州の十月といえば最早冬です。私達は本格的な冬の訪れを目前にして漸くのこと牡丹江の旧軍兵舎に入ることが出来ました。

その旧軍部隊跡は木骨煉瓦造り二階建の相当長い建物が、三棟か四棟ずつ二列に並び、その他にも可成りの建物が在ったようで、私が今までに見てきた関東軍兵舎の中では一番規模が大きいように思えました。

従来の軍隊「戦時編成」では、一ケ中隊が四小隊、一ケ小隊は四分隊、分隊はそれぞれ四班から作られる、といった具合の編成だったように記憶しています。そのため兵舎内は、それぞれ各小隊毎に仕切がしてあったのですが、それが皆取り外されて、だだっ広い空間のみの一室に変わっていました。勿論旧軍隊時のように一室の定員などが考慮される筈もなく、それを遥かにオーバーした超過密人員を収容した状態でした。

新しく大隊が編成されて以来、その責任者としてはソ連軍から指示された旧軍の将校が引率をしてきました。下部の組織は下士官に、下士官が居ない場合は先任の古参兵達に任されていましたから、親しい者同士が集まってグループを作るといった傾向が多分にあったようです。こんな有様でしたから、新しい隊内で自分の居住すべき場所についても、それぞれ旧部隊単位とか出身地毎とかのグループに分かれ、てんやわんやの挙句やっとの事で落ち着く事が出来ました。

私と大畑さんも一緒の隊で、大阪弁のS兵長とその部下の河内言葉でまくしたてるY上等兵とが同じ班となりました。

この頃の主な使役《しえき》は、旧軍時代のような暖房設備が皆無の兵舎で初めて体験する厳冬期に備えての、燃料（薪）の確保が主たる作業でした。この作業は無住の空兵舎を逐次解体しては各々自力運搬をするのですが、何分にもそこが素人の悲しさ、二階建の建物でも、我勝ちに階下の壊し易い所から取り外して持って行くのです。こんな事が度重なり、階下で作業中の兵隊が突然二階の天井から落下してきた太い角材の直撃で死亡する、という事故が後を断ちませんでした。

この他には一日一回の水汲み「飲料水補給作業《サワドーイ》」があります。すでに凍結しかけている牡丹江の岸辺までの凸凹道を、荷車にドラム缶を括り着けた各隊の使役兵達が、がやがやと話しながら往復するのです。その話の中味は言わずもがなの事、それは内地帰還の話に尽きるのでした。

炊事は大隊単位で掘立小屋みたいな建物で行っていましたが、食糧は旧軍の糧抹倉庫をソ連軍が接収・管理しているため、その都度配給を受けなければならないようになっていました。

少し早目な時間に貧しい夕飯を済ましてしまうと、またひとつ私達のささやかな楽しみが消えてしまい、そして東満の初冬の夕暮れは実に早く、瞬く間に夜となり闇が訪れるのです。

だだっ広い空間といった感じの兵舎内には、彼方此方に手作りの灯油ランプが黒い油煙を上げながら灯り始めます。その仄暗い灯りの下では、これも手作りの囲碁、将棋、花札に興ずるグループ。また警備兵の目を掠《かす》めて満人と持物の物々交換でもしたのか、密かに語りあいながら二、三名で飯合《はんごう》を囲み何やら食べている連中等々、皆それぞれ侘びしい眠りに就くまでの様々な一時を過ごすのでした。

何と言っても一番楽しみだったのは、大隊本部に居た某上等兵の「新派講談」でした。これは世間で言う講談と違っていて今申すならば夢声張りの語りに加え歌舞伎の声色物真似入りとでも言った処でしょうか。なかでも鏡花の「婦系図、歌行灯」などは間に歌謡曲まで挿んでの熱演で、みんな思わず拍手したものでした。

第一話から始まり数回でひとつの物語が終わるのですが、アンコールも数回あったので可成りの期間続いたように思います。この催し物のお陰で、それまで知らなかった「夕の鐘・純情の丘」をはじめいくつかの新しい歌謡曲を覚える事が出来ました。

ボツダム軍曹となる

当時の大隊編成の経緯については前にも述べましたが、驚いた事には私の所属する大隊から一番西の棟にあたる大隊の隊長が宮崎県延岡の出身だったのです。

この方は現地召集前は、満州の某中学校で配属将校（中尉）をしておられたのですが、「日本には是非郷里出身者を出来る限り多く一緒に連れて帰りたい」と決心されて、周辺の部隊から色々な伝手《つて》を頼っては、宮崎県出身者を自分の隊に集めておられたのでした。

そんな或る日、私と大畑さんはこの隊長（以下M中尉と呼ぶ事にします）からの伝令に呼ばれ、私の所属大隊の責任者の了解も取ってあるとの事で、その日のうちにM大隊に引っ越すことになりました。

M隊長は少しも軍人らしからぬ温厚なお人柄で、それにかなりのご年配と見受けました。隊長殿は入隊以前の私達の経歴や、渡満以来の経緯等をつぶさに聞かれたのち、「少し忙しくなるかも分からんが」と前置きして私達に、「本部の指揮班に勤務し隊長当番みたいな仕事をして呉れ」と言われました。私達がふたつ返事で引き受けた事は勿論言うまでもありません。

そしてこの出来事こそが、私達がこれから極寒の満州の冬を、そしてシベリヤ抑留という厳しい環境の中を生き抜き、幸運にも無事生還出来たという事実への、非常に大きな要因になっていると確信しております。

隊長当番とは言っても旧軍隊の時とは大違い、いたって気楽なもので大隊に割当てられた作業関連の命令伝達・指揮下に属する各隊からの各種報告の受領等にしか過ぎませんでしたが、その中で一番重大な仕事と言えば本部指揮班の炊事を私達二人に一任された事でした。

大隊本部指揮班と言えば、旧軍の組織では優秀な下士官兵達が選抜登用されて勤務する、つまり隊内における一種のエリート集団だったのですが、敗戦の大きな変動とソ連軍による相次ぐ分割、編成替等により殆どその機能は失われかけていました。しかしながら一部の将校や下士官達も残っており、現実には軍隊の組織が存在しなくなったとは言うものの、私達二人が旧軍隊の階級の儘でいることは何かと不具合な点が出て来ました。それは私達が指揮班要員にふさわしい階級章を付けていないと、本部に命令受領「作業指示」などに出入りする各隊の下士官・兵達が、その都度敬礼をするのに戸惑うからなのです。

こんな訳で私達二名は「下士候出身の軍曹」という触れ込みで、一躍余儀ない昇進をさせられた訳であります。これは私達に限らず、随分と色々な事例を見聞きしましたが、このようなお手盛り昇進の事を陰ではよく「ボツダム〇〇」等と呼んだものでした。

光と陰の現実

大隊本部での炊事の仕事はそれなりに苦労はありましたが、私達にとっては楽しき限りでした。第一、厳寒の中での色々な労役に駆り出される事もなく、薪ストーブに暖められた部屋（大隊長の隣室）に二人でゆっくり住めるのです。それに飯揚げの時は、先ず一番良いところを隊長と私達の分として存分に取った後で皆の分配をする、といった調子でしたから、旧軍時代でも貴重品のようなものだった銀シャリも食い放題の有様でした。

適当な運動量と十分過ぎる程の食事、その頃元気盛りの私達二人は零下数十度という寒気をものともせず、私達としては唯一の肉体労働であった釣瓶井戸からの「水汲み作業」を襦袢一枚という勇ましい格好で張り切って頑張ったものです。

私達がこのような恵まれ過ぎる程の境遇に甘えている頃、既に一般の兵隊達は、徐々に慢性的な飢渇状態に苦しめられるようになって来ていたのです。指揮班に残飯を貰いに来る者も段々数多くなりましたが、実はその頃からソ連軍からの糧抹供給も次第に少なくなり、終いには私達指揮班でさえ残飯を作る余裕すら無くなってしまったのでした。

こうして、ひもじさの余りソ連軍兵士の食べ残しを拾って食べたりした為、終いには悪性的な下痢症状そして栄養失調。そのような兵隊が数多く営庭の此処彼処を徘徊するようになりました。

今でも忘れ得ぬ程のその容姿、むくんだ顔は青白く、痩せ細った手足は骨と皮、ボロ靴を引き摺りながら蹌踉《そうろう》と彷徨《さまよ》い歩き、その腰に缶詰空缶利用の容器と手作りの木製スプーンを吊し、視線も定かではないのに只食べ物だけには異常な関心を示すのでした。

営庭内には警備のソ連兵専用の炊事場の横に一寸したプール程の深く大きな穴が掘ってあり、此処には彼等の炊事材料の残滓などが雑多に放り込んであるのです。

飢えた兵隊達は塵溜めの中までも入り込み、散乱している牛の頭部とか肋骨等から丹念に肉片をほじくり出しては、携帯した缶詰の缶に溜めてゆくのです。

子供の頃に怖い物見たさから「地獄絵草紙、百鬼夜行」などの絵物語で凄まじい様々な餓鬼の図を見た記憶がありましたが、この光景はまさに「この世の地獄絵図」さながらの鬼気迫る姿ではありました。

猖獗《しょうけつ》する発疹チフス

丁度この頃の牡丹江《ぼたんこう》地区では発疹チフスが猖獗を極めました。

ご存じの通りこの伝染病は虱《しらみ》を媒介して人体に感染するのです。終戦以来大方の兵隊達は、入浴洗濯等はしたくても出来ない状態にあった訳でしたから、虱とはずっと顔馴染みになっていました。

医療設備・医薬品にしても満足ではなく居住衛生環境も最悪の状態、そして慢性的な飢餓症状と栄養失調、とこれだけ悪条件が重なれば記録的な発疹チフスの蔓延も決して偶然ではなかったのです。この年の十一月から十二月にかけての期間死亡者が一番多かったそうで、毎日毎日死体処理の使役を出していたように思います。

此処で死亡された方やご遺族の方々には本当に申し訳ない事なのですが、当時ソ連軍は日本人死者に対し、甚だ冷酷とも言うべき事務的取り扱いに終始し、私達にとっては実に血も涙もない仕打ちが多く、まったく非人道的でありました。

私の聞いた限りでは部隊集落の外れに、深さ二メートル幅四メートル位の穴を数十メートルに亘って日本軍の兵隊に掘らせ、その穴に死体を次々に落とし込んで並べてゆき、死体の量が或る程度の深さに達すると上から土を被《かぶ》せ、墓標代わりの目印すら立てることなく埋葬作業は終わるということでした。現在横須賀市在住の戦友・斉藤喜一郎さんの後日談によれば、この穴は旧関東軍が対ソ戦に備えて掘った戦車壕だったという事です。

またその死体たるや軍衣軍袴《ぐんいぐんこ》を脱がされた襦袢袴下《じゅばんこした》の儘の姿で、勿論零下数十度の寒気のため死後幾《いく》許《ばく》もなくコチコチに冷凍されてしまっています。この死体運搬の使役は、生き残った兵隊にとっては明日の我が身の運命《さだめ》を如実に感じさせるためか大変な苦痛だったそうで、英霊には大変申し訳ない事ながら鮪《まぐろ》輸送と呼ばれて嫌がられ敬遠されておりました。

復員してから終戦前後の経緯などについて、関連する図書を読み漁った結果初めて知った事でしたが、強制抑留日本人のソ連入国は終戦直後の九月一日から既に始まっていたのでありました。昭和二十一年も明けたこの頃、私達の大隊にちらほら移動の噂が出て来ても何の不思議もない事でしたが、それは或る日突然の体格検査実施から始められたのでした。訪れたソ連軍の将校兵士達の一団は整列している私達を前にして、まずソ連軍の将校がひと言話し通訳らしき日本人がその説明をする、といった調子のまだるっこい進め方でしたが大要は次の通りだったと思います。

「君達の日本帰還に備えて、まず健康な者から先に移動させようと思う。そのための身体検査である」

というような内容だったと思います。

寒いのに皆上半身裸になって一列に並び、軍服も張り切れんばかりにでっぷりと太ったソ連婦人軍医の検査を待ちます。検査といっても聴診器による内診がある訳でもなく、それぞれ各人の腕や肩の筋肉を摘んだり、胸や背中をピタピタと叩いて品定めをしてゆくだけです。しかし私達はこの時とばかり我こそは健康優良児という格好をして女軍医の注意を引くよう懸命に努力したものでした。

ところがあに図らんや、なんとソ連軍医は重労働に耐え得る者即ち強兵とそれ以外の弱兵という選別区分を行ったのでした。

これに続いて各隊にまだ代表者として多数残されていた将校を隔離して別隊とし、前述の強兵、弱兵の選別区分による大規模な編成替えが行われたのでした。これも後から気付いた事ですが、私も大畑さんも当時随分と元気だったのに如何なる神の助けか二人とも弱兵大隊に編入されていたのです。

思えばこの事もまた、私達が生き残れた理由のひとつになるのかもわかりません。しかしその時は只ひたすら、強兵大隊に入って皆と一緒に一日も早く日本の土を踏みたいとの一心でしたから、選別の結果を喜ぶどころか、次にお話しするような命がけの馬鹿げた冒険をも敢えてする事になったのでした。

命がけの冒険

前にもお話ししましたようにM大隊に移る時のこと、歩兵転属以来の戦友であった鹿児島県出身のN兵長から「何かある時は力になるから何時でも抜け出して来い」と言われていたのですが、人伝てに聞く話では「いよいよ明晩あたり、あの大隊が移動を始めるらしい」との噂なのです。

この儘で隊に残るべきか、或いは古い戦友の居る彼の大隊に移るべきか、いろいろと二人で考えあぐねた末、兎も角この戦友の意見を聞いてからにしようということになりました。昼間はソ連軍の警備兵も兵舎間の往来について、さほど五月蠅《うるさ》く言わないのですが、もう夕方近くになっており、警備兵に見つからないのに越した事はないので、その眼を掠めこっそりとN兵長の大隊を訪ねたのでした。ところが事態は急変していました。この大隊はソ連軍の指示により予定を繰り上げて移動の準備を済ませ、既に人員の最終点検も終わり出発の命令を待つばかりになっていたのです。N兵長も大変残念がりましたが、こう事態が切迫した状況では人員の入替えをする余裕もなく内地での再会を約して別れを告げたのでした。

しかしこの時は既に辺りは薄暗くなっていました。警備兵に見つからない事を祈りながら二番目の棟の角に来た時、何か鋭い叫び声がしたと思う間もなくダダダダダと自動小銃の発射音と同時にヒュンヒュンと銃弾が飛来し始めました。慌てて三番目の棟の角を直角に曲がり、四番目の自分の隊へやっと逃げ込む事が出来たのでしたが、この僅かな間にも数十連発の銃声が兵舎の建物の壁に谺《こだま》して響き生きた心地がしませんでした。

大隊の中では時ならぬ銃声に、皆何事ならんと大慌てで大変な騒ぎになっていました。その混雑に紛れて私達は無事に所定の居場所にもぐり込むことが出来たのです。新しく編成替えされたばかりの隊でもあり、顔見知りの居ないのが幸いしてか誰も私達の不審な行動に気づく者もありません。「やれやれ」と二人共顔を見合わせてホッと胸を撫で下ろしました。

ところが、ところがです。それから数分経つか経たないうちに、自動小銃を抱えたソ連兵が十数名どやどやと隊内に踏み込んで来たではありませんか。そして全員整列、すぐさま人員点呼が始められたのです。それは今までみたいな頭数だけのチェックではなくフルネームによる一人ひとりの個別対照で、恐らく警備兵の通報による脱走兵の有無の確認だったのでしょう。

私達二人はほんの間一髪の差で、この危機を逃れる事が出来たのでした。

この頃から警備のソ連兵は、事毎に「ヤポンスキー　ダモイ　ハラショー」の言葉を今まで以上に繰返すようになり、私達もまた「日本内地帰還の日近し」と手放しで喜んでいたのですから、いま思えば全くいい面の皮でした。

不思議に思ったのは、当時収容所の柵外を中共八路軍の部隊が旧日本軍の軍歌「歩兵の本領」そっくりの軍歌を歌って行進していた事です。中には「中共軍に入れば日本軍の時よりも二階級昇級させます。生命は保証するから今直ぐに此方へ来なさい」と呼び掛けられた人も沢山いました。

第四章の参考資料

【ロシヤ語あれこれ】

グラダンスキー　一般地方人
ダモイ　帰る（帰還）
ヤポンスキー　日本人
ハラショー　良い
ラボータ　労働
ラーゲル　捕虜収容所
カマンドール　隊長
セルジャント　下士官
カムボーイ　警備兵
タバローフカ　集積作業
ポミドール　乾燥トマト
ガートンキ　フエルト製防寒用長靴

ルスキー　ロシヤ人
パルスキー　ロシヤ語
ニハラショー　良くない
ノルマ　作業目標
ゼムリヤンカ　半地下式兵舎
カピタン　大尉
ソルダット　兵士
ナチャニック　作業監督
スチーキ　伐採作業
カーシャ　穀物のお粥
フレーブ　ここでは「黒パン」のこと

自動小銃　弾倉を取り替える事で三六連発・七二連発の速射が出来る小銃。その形状からマンドリンと呼ばれていた。

マホルカ　紙巻きタバコ、煙草の葉茎を細かく刻んだものを袋等に入れて携行していて、新聞紙等の切れ端に適量を入れ、くるくる器用に円錐形に巻き、最後に唾でなめると出来上がる。

ダバイ　さあ、やれやれと言う具合に相手をせきたてる感じの言葉。いまでも私の記憶に残る一番嫌いなロシヤ語

セムシカ　向日葵の種、ピーナッツのように何時もほおばっていた。

パピロース　将校でもあまり持ってなかった普通の巻煙草

第五章　遂にシベリヤへ

深夜の国境線を越えて

この頃のみならず抑留中の様々な出来事については、当然の事とはいえ、その月日などの確認は必ずしも万全を期し難いので御諒承の程お願い致します。このことをお含みの上で話を進めて参りましょう。

前章の脱走騒動があった頃から、私達の大隊周辺も次第にソ連軍兵士の出入りが激しくなり、くどい程の人員点呼が繰り返されるようになりました。そんな時ソ連兵士達は必ず馬鹿のひとつ覚えのように「ヤポンスキー　ダモイ　ハラショー」を繰り返すのでした。

確か三月のはじめ頃と記憶しているのですが、例によって人員の点呼があった後、「全員私物等を取り纏めるように」との指示があったので、「すわこそ内地帰還」とみんなが色めき立ちました。

その日の午後、ソ連軍の大型トラック十数台に詰め込まれるように乗せられ、或る駅に着きましたが既に此処には他の大隊も沢山集結させられているようでした。そして広い駅構内には、すべての引込線が満線になる位大型有蓋貨車数十両余りが留置されており、これを見て気の早い連中の中には早々と喜びの歓声を挙げる者さえ居りました。

この時の停車場周辺の警備は実に厳重を極めていました。大勢のソ連兵士が鉄柵を巡らした私達の大隊の周囲に一列に銃を構えて待機していますし、小用の場合にさえソ連兵が着剣でその一人一人を見張る、といった物々しさでした。

夕刻になり、やっとのことで乗車が始まりましたが、一つの貨車に約五十名の割で乗り込んだように思います。日本の貨車と比較すると広軌のため随分と容積は大きいのですが、それでも五十名もの人間が乗車すると一人一人がやっと座れる程度の広さしかありません。

次第に時間は移り短い黄昏《たそがれ》も過ぎて夜になりましたが、貨車は一向に動きだす気配がありません。貨車の内部には設備らしいものは何ひとつ無く、床にはほんの申し訳にアンペラが敷いてあるだけですから、鉄製の床面から凍るような冷気がまともに身体に感じられます。勿論窓はありませんから採光のためには鉄扉を開けねばなりませんが、これは寒風が吹き込むしまた危険なので常時開扉は無理、それにしても一番困るのは生理的現象で、停車している時でもみんな鉄扉の隙間から、かろうじて用を足すといった状態でした。言うなればこれはまさに「移動する獄舎」そのものでありました。

動き出しては止まり暫くするとまた動き始める。飽きる程十数回に及ぶ連結と入替による貨車移動の度毎に、今度こそは？　との淡い期待をその都度裏切られ、皆が疲れ果てて眠り込んでしまった深夜、突如として列車は本線上を走り出したのです。

彼方此方と動かされ過ぎて方向音痴になってしまっていた私でしたが、最初のうちは西、それから東の方角へ変わったような気がします。それから夜明けまでの数時間を列車は速度をあげて猛列に走り続けました。

いま考えると恐らく牡丹江《ぼたんこう》から綏芬河《すいふんが》へと進み、そして深夜にソ満国境を一気に越え更にウオロシロフからシベリヤ鉄道の本線に達するまで、兎に角絶対邪魔の入らぬ地点に到達するまで道中を急ごうという彼等の腹だったようです。

三十五日間の貨車の旅

こうして遂に楽しからざる三十五日間の貨車旅行が始まったのでありました。

夜が白み始めるに従って、否応なしに扉の隙間から周辺《あたり》の荒涼たる風景が目に入ってきます。私を含め大方の兵隊達にとって、待望の内地帰還の夢が敢えなくも破れ去ったことを、これ程までに現実に知らされた事はないのですから、みな意気消沈し言葉も出ない有様でした。しかし中には「まだ列車は東に向かって走っている」と頑強に言い張る者も可成りおりました。

見渡す視野の限りが大小さまざまの形をした凹凸の連なり、時折小山のようにも見える凍土の丘と果てしなく連続する不毛の荒野、これが話には聞いていたツンドラ地帯なのでしょうか。そしてこの単調な眺めが幾時間も幾時間も、一日中ずっと、いやそれ以上続いたような気さえします。このあまりにもスケールの違う壮大さに、唯々圧倒されどおしで、時間の感覚さえ麻痺してしまいそうでした。

そのうち列車は半日或いは一日をぶっとおして走ったり、それかと思うと半日位同じ所に止まっていたりするという、不規則な運転をし始めました。給水と給炭、あるいは機関車の取り替えのためもあったのでしょうが、何れにしても私達はこのソ連式ペースに合わせて、食事（と呼べるかどうか？　は別として）、排泄等の生理的現象をも処理してゆくより仕方がなかったのでした。

一晩中走って止まった駅は、見渡す限りが白銀の大平原の中にポツンと丸太作りの小さな駅舎と給水タンクのみ建っているだけという淋しい停車場でしたが、厳めしい鉄道の帽子を目深にかぶり、棒状のタブレットを持って立っていたのは、なんとでっぷり太った中年の婦人駅長さんなのでした。後で知ったことですが、当時ソ連邦での女性の職場進出は、あの永い戦争による男性の払底によるのか、全職種にわたたって大変目覚ましいものがあったようです。

或る明け方のこと、「海が見えたぞ」との大声に、皆が先を争って寒いのを我慢しながら扉の隙間を大きめに開き貨車の外を見ました。これが彼の有名なバイカル湖だったのです。そしてそれはまさしく海そのもの、否、海以上の壮観さでした。湖面は水平線の彼方まで見渡す限り真っ白に結氷し、大小あまたの氷塊に覆われてはいますが、海岸ならぬ湖岸は凍結してはおらず、大きな波が滔々と打ち寄せていました。

恐縮ですがお読み下さっている皆様も、いま試みに世界地図をお開き下さい。東部シベリヤのほぼ中央部、バイカル湖の湖岸の南端に沿ってほんのちょっぴり、鉄道線路の表示がしてあるのがお判りでしょうか。私達を乗せた列車は、この地図上でのほんのちよっぴりにしか過ぎない距離を、まる一日もかかってようやくのこと通過することが出来たのでした。

イルクーツクを通過した翌日の正午前後の頃、列車はとある駅の側線に入り停車しました。それっとばかり、皆が我先に用を足すため貨車の扉を開け外に出ようとすると、警備の兵士が身振り手振りで「あと十分だけ待て」と言うのです。不審に思っているうちやっとその訳が判りましたが、それは独逸軍捕虜の輸送列車がこの駅を通過するのを待つためだったのでした。

やがてその列車が到着しましたが、私達はその警備のあまりにも厳重なのに吃驚したものです。列車編成の特徴は捕虜達を乗せている有蓋貨車一両毎の中間に警備兵が乗る車両が連結され、独逸兵の貨車の扉は僅かな間隙を残すだけで鎖錠、しかも扉の前後には脱走に備えるためか探照灯が取り付けてあるという物々しさでした。

話が少し脇へそれますが、欧州の独逸と東洋の日本、それはご承知のように両方とも第二次世界大戦の敗戦国であり、ソ連にとっては対戦した敵国という事になる訳ですが、旧日独軍兵それぞれに対するソ連の感情は微妙に異なるように感じられたのです。しかしそれは決して日本人抑留者に対する待遇が良かったという事ではなく、私達が抑留中に受けた最低最悪ともいえる待遇、更にそれ以下の条件と環境とが独逸兵士達に強制されたのではないでしょうか。

これは抑留生活にも大分慣れてきて、ソ連の一般民間人《グラダンスキー》と片言で話せるようになった頃の事ですが、「日本人と独逸人とどちらが好きか」という私の問いに対して、「独逸とは四年間戦い沢山の犠牲を払ってやっと勝つことが出来た。日本とは戦ったのはたったの四日だ。だから日本人には少し気の毒だ」というような、すこぶる単純明快な答えが多かったようです。

しかし独逸軍兵士達は不当な労働作業量の増加等に対しては、全員で毅然として反対を続ける勇気を持っていたといいますから、一部の日本人達のようにソ連側の煽てに乗って自らノルマを吊り上げ、かえって自分自身はおろか同胞の首をも絞める結果となる愚挙をした事などより数段も偉さが違うと思いました。こんな事例にしても、二つの国のそれぞれの歴史に育まれて来た国民性の相違によるものなのでしょうか。

こうして日々それなりに様々な出来事があり、書き挙げれば枚挙に暇なしですが、煩雑を避けるため敢えて割愛させて頂くことにします。

砂漠の涯の国

こうして三十五日に及ぶ貨車旅行に別れを告げ、蹌踉《よろ》めく足を踏みしめながら降り立った駅は辺りに建造物らしいものの姿すらなく、お粗末な給水塔のみポツンと草原に建っているという極めて淋しい処でした。

大隊毎にオンボロのトラックに詰め込まれ、道路らしからぬ悪路に揺られ続けること半日余り、やっと着いたのは周囲は見渡す限りピラミッドみたいな赤茶けた小高い砂山が重なりあい、背の高い枯葉だけの名も知らぬ樹木が二、三本ずつ生えているという殺風景な所でした。これに駱駝でも出て来れば日本でよく見た事もある砂漠のポスターと見違えるような小盆地でした。この異様ともいえる風景にみんな暫くは呆然として、「まさかシベリヤに砂漠があろう筈はなし。一体此処は何処なのだろう」と囁きあったものでした。

そして更に驚いた事には冗談どころではなく、あの砂漠の象徴たる駱駝までが驢馬と一緒に実在していた事なのでした。ずっとあとでソ連兵士に聞いた話によると、この辺りはソ連邦カザフ共和国のセミパラチェンスクの付近だということでした。

実はここで初めて半地下式兵舎なるものに出会ったのですが、これ以来十数カ月にも亘るシベリヤ旅行の間、何処に行ってもこの「ゼムリヤンカ」のお世話になろうとは夢にも思わないことでした。

では寒冷乾燥地帯の住居として最適なゼムリヤンカの構造概略《あらまし》を説明してみましょう。まず地面に深さ一・五メートル乃至《ないし》二メートル位幅五メートル位長さは規模によって違いますが、大体三十メートルの穴を掘ります。その中には径十~十五センチの松丸太で、約二・五メートルの高さの蒲鉾型の家の骨組みを作り、内部は中央に一メートル位の通路、両側にこれも全部丸太で組立てた二段式寝台兼用床で、この程度の大きさで収容人員は約百五十から二百といったところではなかったでしょうか。

出入口は中央又は両端とまちまちですが、組立てが出来上がったところで、上から土で全体を五十センチ位覆って完成という手順のようでした。と申しますのも私達の大隊は先遣隊が作った兵舎の後を追うように、次々と移動したせいか実際には一度も自分達で作った事はありませんでした。

ラボータの明け暮れ

厳しい寒気と乾燥しきった風土、そして年間降水量の極端に少ないこの地方ならではの生活の知恵とでも申しますか、これからの半地下での暮らしは照明と換気の二点をのぞけば、生きてゆくには先ず上々の環境と言えたでしょう。

愈々これから本当の意味での抑留生活が始まる訳です。この地区の収容所《ラーゲル》には日本人用のゼムリヤンカが二棟、それに警備兵《カムボーイ》のゼムリヤンカとがありました。そして少し離れた木立の茂みの蔭に、ソ連軍の将校と軍医のための丸木作りの宿舎があったようです。此処には、大変深い井戸があって、朝夕の水汲みには大変苦労させられたものでした。

便所はというと、大は幅一メートル位の溝を十メートル位掘った処の真ん中に、直径二十センチ位の排泄用の孔を開けた厚板又は幅の狭い厚板を数枚架け渡しただけの素朴なものです。そして周囲には申し訳のように高さ一メートル位の目隠しが設けてありました。小に至ってはもっと簡単で、二メートル位の深さの穴が長方形のプール状に掘ってあるだけで、勿論目隠しも柵らしき物さえありませんでした。

食事は一日分の定量が、主食として黒パン（燕麦が原料。厚さ十二～十五センチ位）、乾燥トマトと駱駝の缶詰肉の薄いスープが飯合《はんごう》の蓋に各食一杯、砂糖、岩塩、等が小スプーンで各一杯、といったところでしょうか。

兵舎内には小型の手作り薪ストーブが一～二個あり、照明はといえば、これも手製の灯油ランプでした。このランプも当初のものと比較すると格段に改良はされてきたのですが、それでも沢山の煤が出るのにはまったく閉口しました。後日談ですが、私の場合復員してから一年程の間、痰に煤が混じって出てくるのに吃驚したものです。

この収容所の所長は、少佐《カマンドール》で確か「シャムシューリン」という名前の白人の将校でした。軍医はレニングラードの医学校出身という大尉《カピタン》で名前までは覚えておりません。

警備兵の人種も多種多様でしたが、地元のカザフ人、これは蒙古系よりもトルコ系的な彫りの深い顔立ちで一番多く、次にウズベク人、これはカザフの直ぐ南に位置しアフガニスタンと境を接する国で、顔立ちは丸型で扁平顔。色が茶褐色なのをのぞけば、ほとんど蒙古人と変わらない格好をしていました。この他モンゴールと呼ばれる蒙古系、コーリャーと呼ばれる朝鮮系の兵隊がいましたが、これは一目見ただけでそれと判別出来ました。

　全体的にみて教育の程度はいたって低いようで、やっと露西亜語の読み書きの初歩を終えた位の感じだったと思います。そのためか朝夕収容所からの出入りの際、人員の掌握には大変手間を取るので非常に迷惑しました。例えば彼等流のチェック方法といえば、必ず四列縦隊を基準にして一列から十列までを数え終わると四十《ソーロク》と言いながら指をひとつ折るといった具合で、途中で間違うとまた最初からのやり直し、そのぶん時間がかかるので大変でした。

　しかし中にはこんな兵士《ソルダック》もいたのです。あれは確か或る作業の休憩中だったと思いますが、何かのはずみでウズベクの警備兵と片言で話した時のことです。まず私が木切れで地面に直角三角形の図を描き、その各辺に正方形を描き加えて簡単な数式を計算して見せると、彼は手を打って大変に喜び「ヤポンスキー　ハラショー。お前は頭がいい。ピタゴラスの定理は俺も学校で習ったばかりだ」との、賞賛らしき言葉を貰った事もありました。

　たとえ片言であるにしても、話し合うという事はお互いの意思の疎通を活発にしますし、未知の者同士が共通の言語を通して話し合えるということは本当に楽しい事でもあって、以後この兵士は何処で出会っても片目をつぶり右手の親指をたてて合図する位仲良しになったのでした。

　私達のラーゲルから徒歩で小一時間も行くと、ドロの林が続きその奥に大きな針葉樹の森林がありました。さしあたっての仕事は伐採・玉切・運搬・集積といった一連の作業です。

　伐採作業は刃長一メートル以上もある鋸を二人一組で使い、一日八時間・X立方メートルというノルマが設定されていました。玉切というのは伐採した木材を同じく二人一組で四メートルに切断して行く作業。運搬と集積は、四、五名が一組になって玉切りされた材木を梃子を使って転がし、自動車に積込み易いように、所定の台場に積み上げる作業でした。

その他の関連作業としては、このあとの自動車の積込みと荷卸しがあって、カムボーイの話ではこの作業は他の大隊が受け持っているとの事でした。その話によると、このあたり一帯は夏期には一面の湿地帯となってしまい車も人も出入り出来なくなるため、すべての作業をそれまでに済ましてしまうとの事です。

作業の割り当ては最初のうちは、伐採・玉切・集積と順番に毎日交替でやっていましたが、シャムシューリン所長からノルマに達しないと怒鳴られる結果に終わりました。このため今度は黒パンの増配という「餌付き」で、伐採隊が自薦の者の内から選抜されました。その人達は当初は皆の前でソ連将校から労働の戦士とかなんとか褒められたりして、一時は肩で風切らんばかりの得意の絶頂にあったようでした。しかしそこは日本人気質の悲しさ、最初から煽てに乗って働き過ぎたため、次第にノルマは吊り上がるばかり、遂には課せられたノルマ達成が出来ないという事で懲罰倉に入る羽目に陥ってしまったのです。

次の話題は横須賀在住の戦友、斉藤喜一郎さんからの電話連絡で新たに思い出した事実です。伐採・玉切り作業の概要《あらまし》については前に述べた通りですが、私達の場合、伐採地点で玉切りされたまま転がっている丸太の移動をするのに、当初は手頃の丸太を梃子として使い四、五人かがりで営々と作業していたのでした。ところが悲しいかな力不足のため、余りにも効率が上がらずノルマ達成が出来ない。遂に業を煮やしたソ連兵側はオンボロではあるがキャタピラー付きの牽引車（トラクター）を持ち込んで来ました。

作業手順としては先ず鉄製ワイヤーを丸太に輪状にして固定し、トラクターの運転者に此方に来るように合図をする。トラクターが近づいたら適当な距離で停車させて牽引ロープをトラクター後部フックに引き掛ける。準備が済むとトラクターに発車合図をして自分達は一目散に集積地点まで駈けて行く。集積地点でトラクターから丸太のロープを取り外し、再び元の場所に駆け戻って次の丸太に取りかかる、といった単純な作業の繰り返しでした。

しかし、トラクターの運転担当のソ連人は小柄な私達日本人を馬鹿にしてか、仲々思い通り動いて呉れません。何かといえば大声で例のソ連流の悪口雑言の限りを喚き散らすので御機嫌をとるのも大変な事でした。

同じ隊にいた静岡県出身のI兵長も、トラクターを後退させる合図を大声で「ナザート　ナザート」と叫んでいる時、トラクターが急に後退したため避ける暇もなくキャタピラーで右大腿骨の骨折という重傷を負ってしまいました。

たまゆらの夏

ドロの若葉が一斉に萌えたってきた頃の或る朝、私達は再びトラックに分乗して一日中殆ど休まず大草原の中を走り続け、ようやく日暮れ近くなってから、なだらかな丘陵に囲まれた美しい盆地に着きました。此処が次の住みかのラーゲルとなるのですが、このゼムリヤンカには、つい最近まで他の作業隊が住んでいたらしく室内も荒れていないし、周囲も綺麗に整理されているのに驚きました。

今、沁々と四十数年前を振り返ってみるとき、激しい労働の辛苦と極寒と飢餓をのぞけば、このラーゲルで過ごした短いシベリヤの夏の体験の数々が一番懐かしく想い出されるから不思議です。

高緯度の地帯ですから六、七月の頃ともなると、作業が終了し夕食が終わってもなかなか太陽は沈みません。そして夕日が落ちても西の空は暫くの間ほの明るく十時過ぎに漸く暗くなるという所謂「白夜」が続くので、これに身体の方が容易に適応してくれず睡眠不足で弱りました。

私は此処でこの地方の風土病（マラリヤの一種）にかかり、二週間程も作業を休んだ事があります。この風土病の症状はマラリヤとまったく同じで一日目は震えがくる程の悪寒と堪えがたい頭痛。二日目は四十度近い発熱。三日目は解熱《げねつ》発汗で虚脱状態というサイクルの繰り返しでしたが、意外にも意識だけはしっかりしていた、と思っています。

幸いだった事には、このラーゲルのすぐ近くに病院（簡単な診療設備のある丸太小屋）があり、私は此処に入院出来たのです。そして此処での主治医はサハリン（樺太）出身で長身の白人、片言ながら日本語を話すという衛生兵軍曹《セルジャント》でした。陽気で仲々のハンサム青年でしたが、他のソ連兵士と較べるとかなりエリート意識が高かったように見受けられました。

そのくせ融通などはとても利かない一徹極まる頑固者なのでありました。たとえば日本人の兵隊が「肋膜炎既往症があり微熱が続いて頭痛がするから作業を休ませて呉れ」といくら本当の事を話してみても、患者の身体の何処かに自分の目で確認出来る事象がない限り絶対に駄目なのでした。そして私のように四十度近くも発熱する病人に対しては、此方がいくら大丈夫だからと言い張っても「俺の指示が聞けないのか」と叱りつけ強引にベッドに寝かせてしまうのでした。

話は変わって今度はシベリヤとは一見縁のないような茸の話です。この辺りは前に居た半砂漠地帯とは大分気候も違っていて、雨も時々は降り植物相も豊富で、なかでもこの時期は茸の種類と量の豊富な事には驚きました。作業場への往復（片道約一時間）の山道は、空っ腹の足しにするための茸狩りの内職に追われましたが、なかでも好評だったのは日本の初茸そっくりの茸でした。私達は「シベリヤ初茸」と呼んでいたように思いますが、確かに味・香りとも最高だったように記憶しています。

しかしその中には毒茸も沢山混じっていたとみえて、偶々《たまたま》その茸を食べた兵隊が幻覚症状に侵され、誇大妄想狂とでも言いましょうか「俺は天皇だ」などと大声で喚き散らしカムボーイも恐がって暫く近寄らなかったこともありました。

七、八月頃のシベリヤは一年中で一番過ごし良い気候なのではないでしょうか。

その日は珍しい程の上天気で　しかもラボータはお休み、ラーゲルを見下ろす小高い丘に登ると、見渡す限り柔らかに緑一色に広がる草原の風景の中に、其処かしこ点々と私達の洗濯物が広げてあるのが見えます。

のんびりと草っ原に寝転んで、高く澄みきった青空、静かに流れ行く白い雲を眺めているうち、激しい労働の明け暮れの中に忘るるともなく忘れ去っていたかにみえた「望郷の熱き想い」が、不意に切ないまでに胸中にこみあげて来て、思わず知らず涙が滲みました。

この時隣にいた戦友が村山さんです。山形の出身で色白の丸顔。度の強い近眼の眼鏡のつるが折れてしまったのを紐で耳にかけていた愛敬のある顔立ちを今でもはっきりと思い出します。そんな時村山さんから、口移しに教わりながら二人して唄ったのが今でも忘れることの出来ない「崑崙越えて《こんろん》」の歌なのでした。

崑崙越えて

〽雲はゆくゆく遙かに、崑崙越えて。
夢の希望だ憧れだよ、望みだよ。
いざ、亜細亜の歌を歌おうよ。
我等若き日の憧れ、歌えいざ君。

私にとってこの歌詞、このメロディは、一九四六年のシベリヤの或る夏の日の、暖かに輝く太陽と爽やかな風と芳しい草の香りとを、懐かしく想い出させる唯一の鍵なのです。そして温かな方言を交え、訥々と故郷《ふるさと》の美しさや珍しい風習などを細々と教えて呉れた優しい語り口など、今でもはっきりと思い起こせます。村山英一さんとは復員以来四十数年を経た今でも文通を続けている間柄です。

第五章の参考資料

【シベリヤ豆ガイド】

バイカル湖　シベリヤ南部の大淡水湖、九州よりやや小さく面積三万三千平方キロメートル。世界一深くて最大深

度千五百二十三メートル

セミパラチンスク市付近　ソ連邦カザフ（カザック）共和国にあり。およそ東経八十度・北緯五十度に位置し、半砂漠ステップ地帯。

※中国新疆自治区や天山山脈、有名なシルクロードの概ね北にあたる方角とご理解下さい。

バルナウル市付近　ゴルノアルタイ自治州。およそ東経八十三度・北緯五十三度。アルタイ山脈の北西にあたり、南はモンゴル人民共和国と境を接する。

ノボシビリスク市付近　ノボシビリスク州。およそ東経八十三度・北緯五十五度

イルクーツク　バイカル湖の南西。東シベリヤの州都でシベリヤの政治経済の中心地。シベリヤ鉄道のモスクワ・ウラジオストック間のほぼ中間に位置し交通の要衝。空気の透明度は世界一。

第六章　シベリヤの冬

さまざまな住民達

わりに暮らし易かったようにも思える短いシベリヤの夏が終わる頃、私達は再び北に向かって移動し始めました。例のごとくオンボロ貨物自動車の荷台に、零《こぼ》れんばかりの状態で早朝から砂埃の道を走り続け、夕方にようやく新しいラーゲルに到着しました。

前にも申しましたように、今回もゼムリヤンカは既に準備してありました。此処はソ連軍にとって何らかの基地が存在するらしく、簡単な兵舎や糧抹の倉庫らしき丸太小屋等も建っていました。周囲の状況も前に居た場所とは随分と違い、まるで大森林に囲まれた小盆地といった感じでした。

そして作業場へ行くためには、雑木が生茂《おいしげ》った小山の獣道《けものみち》のような細道をいくつか越え、更にこの辺では珍しい自動車道路を少しばかり通ってやっとのこと目的地に到着するのです。片道約一時間もかかるのですから、肝心の作業場所に着いた時はもはや疲れ果ててしまっていました。

それに夏と冬の始業・終業時間がまったく同じく設定されているため、八時間労働とはいうものの私達の働く環境は随分と酷いものでした。北緯五十五度のこの土地では、冬は太陽が南東の空から昇り宙天に昇りきらないまま南西に沈みます。つまり九時頃夜が明けて、十五時頃日没となるのでした。このため朝は真っ暗な山道を松明《たいまつ》の灯りを頼りに作業場に行き、焚火で暖を採りながら材木の運搬、集積の作業をするのです。

そしてラボータが終了すると、再び朝と同様に星を戴いてとぼとぼと帰途を辿る毎日でありました。

もうこの頃からはカムボーイも付かず、往復の道中は日本側指揮者たる隊長に任せられるようになっていました。ただ口五月蝿《くちうるさ》いソ連民間人の作業監督が、べったりついて回るのには困りました。中でもカチューシャと呼ばれる若い女性の監督が一番口うるさかったようです、小柄で金髪碧眼、顔中雀斑《そばかす》だらけ、冗談にも綺麗と言えないような顔立ちで一見チンパンジーを連想させる感じ、そして口を開けば耳障りな甲高い声で「ヤポンスキー　ダバイ　ダバイ」の決まり文句の連発でした。

シベリヤは古くは帝政露西亜時代からの流刑の地として有名です。その実態については私共の窺い知る事の出来ない事ですが、現在でも謎に包まれた闇の部分が存在しているように思えてなりません。

その事はさておいて、私の知る限りではまずソ連軍の刑務所の作業隊です。これは懲罰大隊と呼ばれており、鉄道建設とか森林伐採等の重労働をさせられ、私達もその姿を遠くから見かけたことが何度かありました。

次に一般の流刑囚です。カムボーイの話では此処ノボシビルスクにも刑務所が在るとの事でしたが、遂にお目にかかれませんでした。

また或る日私達の作業場の近くで二、三人の白人を見かけたので、片言ながら話し掛けてみると、その人達はポーランドから強制移住をさせられたとの事でした。「日本人は現在この国からどんな給与を受けているか」との先方の問いに対し、これこれしかじかと私達の食事の実態を説明すると、彼等の曰く「それだけでも貰えれば結構じゃないか。俺達は何も貰えないんだ。だからカルトーシカの収穫だけが頼りなんだ。これが今日の食事だよ」と笑いながら、腰に下げた袋から数個の蒸かした馬鈴薯を大事そうに取り出して見せてくれたことがあります。

冬の暮らしの様々

ノボシビルスクの近郊には、二十一年の九月頃から翌年三月頃までの約半年間滞在したように思いますので、シベリヤの厳冬期をたっぷりと、それこそ身をもって体験する事が出来た訳です。

この地区はいままでのラーゲルと比較してみても、かなり設備が整っている方で、入浴の仕方なども仲々面白いと思いました。真冬期になるまで大体月に一回の割で滅菌入浴というのがありましたが、これは虱の駆除と、サウナを一緒に済ませるという調法なものです。

浴場はといえば如何にも頑丈そうな分厚い赤煉瓦作りの六畳位の密室で、内部には簡単な腰掛けと葉の付いた小枝等が用意されています。そして外では燃え盛る火焔のなかに手頃な大きさの十数個の石を入れ充分に熱くなったところで、この石を浴室に放り込み小量の水をかけるのです。この時部屋中に立ち込める物凄い水蒸気と熱気の中に入って、僅か洗面器一杯の配給のお湯で身体の汚れを落とすのですから、この地方で如何に水が貴重なものかお分かり戴けると思います。

一方脱いだ下着は滅菌室と呼ばれる蒸気窯に投げ込まれ、入浴（?）の間に虱の駆除が出来る。という仕組みになっていました。

水についてては復員してから暫くの間は、この水の有難さを忘れないようにと随分心掛けておりましたが、喉元すぐればなんとやらの諺のように、次第に文明の恩恵に慣れてしまったようです。是非この執筆を機にあの時代の謙虚な生活を少しでもとり戻すよう及ばずながら努力してみようとは思っています。

シベリヤの冬は雪なしでは語れません。そしてシベリヤの雪は内地の雪のように柔らかくないのです。強烈な寒気が一気に水分を完全な氷に変えてしまうからでしょうか。なにしろ気温が異常に低いために雪は身体に触れても解けることなく、サラサラと落ちるだけなのです。

このようなシベリヤの雪の中を歩くのに一番適したのが「ガートンキ」と呼ばれるフエルト製の長靴でした。そして靴下に替わるものは、なんと幅三十センチ長さ六十センチ位のネルの布で、これを丁度包帯を巻くようにして足首まで包むのですが、同じ所が摺り切れず合理的で案外使い具合がよかったように思いました。

「外気温が零下四十度以下の日は捕虜の労働禁止」という条文が万国赤十字条約にあったか無かったか私は知りません。然したとえ零下四十度であっても風速が十メートル位あれば体感気温は零下五十度以下になる訳ですから、あのような乏しい食餌でよくまあ身体が持てたものだと、我ながら不思議に思っております。

恐ろしい猛吹雪

シベリヤの吹雪は、大袈裟でなく視覚をもまったく奪い去ってしまいます。猛吹雪に襲われると突然目の前が乳白色のベールで覆われたような感じで、明暗はおろか方向感覚すら失ってしまうのです。

私も猛吹雪に遭遇し危うく命拾いをしたことがあります。

作業場から暗くなって帰るようになった経緯《いきさつ》については前にお話しした通りです。その日は朝からの降雪が夕方からは吹雪始めたので、みな隊列を詰め膝まで降り積もった雪の尾根道を直っすぐ前を歩く人の足跡を踏むようにして進んでいましたが、突然横なぐりの猛烈な吹雪が襲ってきて、つい足元が狂い雪の斜面を転げ落ちてしまいました。雑木林の小山でしたから吹き溜まりの雪のお陰もあって、幸い怪我はせずに済んだのですが、方角がまったく判らなくなり腰までも積もった雪のなか立ちすくみ途方にくれました。本格的な夜の訪れまでの僅かの間に此処を抜け出さなければ、確実に一巻の終わりとなります。焦れば焦るほど頭の中が真っ白になって空回りするようで何ひとつ考えが浮かばないのです。

やっとのことで雪の深い谷間を避け兎に角尾根道に出ようと心を決め、雪の中から僅かに出ている木の枝を手探りに緩い斜面を昇って行きました。尾根道らしき処へ出たものの積雪のためか足跡など残っている訳もありません。考えあぐんでいた時のこと突然風がはたと途絶え、吹雪が小止みになってきたのです。そして私の立っている場所のすぐ目の下の方に目指すラーゲルらしき灯りが飛び込んできたのです。その時の嬉しさは何に例えようもありませんでした。

私がラーゲル前に辿り着いたのは丁度帰着時の人員点呼で私のいないことが判り慌てて捜索の打ち合せをしている所でした。時間にして僅か三十分足らずの出来事だったそうですが、私には随分と永い時間が経過したように思えました。

転落をしたのがラーゲルのすぐ近くであった事、慌てずに尾根道を目標に選んだ事等々助かった理由としてはいろいろありますが、突然途絶えた猛吹雪は奇跡か神の助け、しかし私には何よりも母の祈りが天に通じたものと堅く信じて疑いません。

ささやかな抵抗

これも吹雪の中での話、いうなれば「カルトーシカ泥棒の話」です。

「どうも近頃は糧抹の支給量がますます少なくなってくるようだ」と言う囁きが、ラーゲルの彼方此方で起こるようになりました。私達の隊長も何回となくソ連軍将校と折衝したのですが、一向に埒が開かないのでラーゲル内には糧秣担当のソ連兵に対する不満が高まってきていました。

その日は朝からの大雪でしたが、幸いにも休日だったのでゼムリヤンカの中は腹を空かした兵隊達がなすこともなく寝転がっていました。そのうち誰言うともなく「自分達が当然貰う筈のカルトーシカを黙って戴こう」との計画が持ち上がり一同異議なく即決行となったのです。

建物内の丸太の柱を一区画として、一名ずつの代表を出し約十名で計画を実行する事になったのですが、もし見つかればそれこそ大変な事になるのですから実施については慎重の上に慎重を期し、勿論隊長達幹部にも内緒に事を進めました。早い夕暮れがきてすぐ辺りは暗くなりますが、吹雪の中でも雪明かりでソ連歩哨の交替の模様や歩く姿などは確認できます。そしてその哨兵警戒巡邏の合間を縫って雪中の泥棒大作戦が展開されたのであります。

数量は安全を期して僅か麻袋一個だけとしたのですが、流石に全員が帰ってくるまでは気が気ではありませんでした。全員の無事を見届けると早速各人に馬鈴薯を配り終え現物は直ちに腹中に処分する事とし、容物から食べ残しなどに至るまで何ひとつ証拠の残らないように万全を期したのです。

案の定、翌朝作業に行くため皆が整列した後、シャムシューリン所長自らの私物検査が徹底的に実施されましたが、もとより証拠物件は何ひとつなく、私達は「ざまをみろ」とばかり快哉を叫び大いに溜飲を下げたのでした。

この騒ぎがあってから間もなく、この騒動がもとで収容所の糧抹管理が見直され、糧抹担当下士官の横流しの不正事実が発覚したといいますから、誠に皮肉な結末といわざるを得ません。

ずっとあとでカムボーイに聞いてみますと「いま彼はソルダット（平兵士）に降格された挙げ句、陸軍刑務所に入った。そして強制労働をさせられている」と言いながら、両手を広げ肩を竦《すく》ませるポーズをして見せました。

冬のラボータあれこれ

この頃から気のせいか食事の量も内容も少しずつ良くなったようで、作業中に五月蝿かった「ダバイ ダバイ」の声もあまり聞かれなくなりました。

労働の内容はさして変わりませんが新しく除雪作業が増えました。これは木材運搬をするトラックのための道作りで、道路の上に積もった雪を木のショベルで掬い取り両側に積み上げて行く作業です。降雪の量が増えるに従って両側の雪の壁が段々高くなり、終いには一人で撥ね上げられず、二人一組で雪の壁の途中に足場を作り二段作業にして懸命に働いたものです。

また時々伐採にも行きましたが、これがまた大変な重労働でした。森の中は積雪の少ない所でも一メートル以上雪はありますから、目指す木の所へ着いてもすぐ仕事にかかるという訳にゆきません。まず木の周囲の雪掻きから作業が始められるのですが、二人一組用の鋸ですから座り込んで鋸引き作業をするためには、少なくとも直径二メートル近い雪をどける必要があるのです。おまけに地面から二十センチ位以下のところで伐採しないとナチャーニック（監督）がうるさいので苦労したものです。

私達のラーゲルの近くにソ連軍の将校や兵士達の宿舎があり、そこに深い井戸が在った話は前に済ませたと思いますが、厳冬の間もこの井戸は健在でした。然し湯気を上げて汲み上げられた井戸水も、少しでも外へ零れると直ぐにカチンカチンと凍ってしまいます。このため井戸の周囲はいつも真っ白に盛り上がるように凍結しツルツル滑るので弱りました。

便所も同じく凍りついていますが、なかでも小の方は凍って足元が滑るため用心して段々と後に下がって用を足すようになるためか、一見瑪瑙《めのう》の小山を思わせる薄黄色の隆起が、彼方此方に奇怪な姿を見せるようになりました。

前にも話した軍医将校のところにジェーナという十四、五歳位の女の子がいましたが、金髪で青い眼をした如何にも西洋人形といった感じの可愛らしい娘だったように記憶しております。昭和二十二年も明けた頃から、ソ連の一般の人達とも自由に話し合える機会が多くなって来ました。私達もこうした触れ合いの場が増えるにしたがい、それまでのスラブ民族に対する偏見を棄てて本当は愛すべき民族なのだと心から思うようになったのでした。

彼および彼女達の素顔は実に素朴で、しかも底抜けの楽天家なのです。特に中年の女性達は私達に手振り身振りをまじえ「私も昔はもっと綺麗で胴周りなどこんなに小さかったのよ。今は働き過ぎてビヤ樽と同じになったけれど」と、よく冗談を言って笑わせたものです。

その話どおり、この国の女性達は結婚してからあの娘時代の可憐楚々たる風情からは到底考えられないような、堂々たる体格に変わってゆくのです。腕などはプロレス選手も顔負けで、この体力があったればこそ苛酷な独ソ戦の最中《さなか》戦時体制下、男子払底の時代を男に代わってソ連全産業を支えきることが出来たのだなあ。との感懐を深くした次第であります。

第七章　ふたたびの夏、そして秋

イルクーツクの夏

シベリヤにも漸く遅い春が訪れる頃、私達はまたもや移動を始めました。例によってオンボロのトラックに鈴なりになって乗り込みました。この頃はもうこの手の移動には馴れていましたから「また丸一日位揺られるのかな」と覚悟を決めて車に揺られていると、なんと着いた所は意外にも鉄道の駅ではありませんか。私達はここで暫くの間列車が到着するのを待つことになったのですが、正直なところ「我々の乗る列車がもしも西に向かうのだったらどうしよう」と神にも祈る心地だったのです。幸いにして間もなく到着した列車は東へと向かうローカル列車だったので、思わずほっと胸を撫で下ろしたのでした。

そして列車の後部に連結されていた大きな荷物専用車に乗り込んだのです。実はその時に初めてシベリヤ鉄道の客車内部を垣間見ることが出来た訳ですが、普通の座席（両側二列）の上に更に一列の座席が設けられ、そのまた上の網棚のような処にまで人が一杯乗っていたのには吃驚しました。

私達が乗車したのは荷物専用車とはいっても客車と違うのは内部に椅子等がない位のことですから、景色がよく見えない事を除けばこれまでのような貨車やトラックの旅とは比較にならない位快適な乗心地だったように記憶しております。そのせいか此の旅の途上私の眼に映ったであろう鄙びた集落の風景の一齣一齣が、今でも何かの拍子に鮮やかに目の前に浮かんできて吃驚する事さえあります。

そして到着した駅がイルクーツクだということは勿論あとからソ連の兵士達に聞いてみて判かったのです。振り返って見ますと昨年の三月頃この地を通過して、遥かな西へと旅立った私達でしたが、凡そ一年三カ月を経過した今再び此処まで帰ってくる事が出来たのです。

引率のソ連軍の将校も目的の場所が判らず彼方此方を尋ね探し歩いた末、夕暮れ近くなってやっとのことで古い煉瓦作りの建物に入ることが出来ました。そして此処が入ソ以来初めての、まともな建物らしい収容所でした。

この辺りには東シベリヤにおけるソ連の最も重要な軍事基地と呼ばれるのに相応《ふさわ》しく、見るからに頑丈な煉瓦造の広大な兵舎が沢山建ち並んでいました。しかしどの建物にも人影はおろか猫の子一匹見当たらず、まるでゴーストタウンのように森閑と静まり返っていたのです。恐らくこの国の運命をも賭けたスターリングラード攻防戦等に備えるべく、この付近一帯の全兵力は根こそぎ対独前線に投入されて以来その儘だったのでしょう。

そしてこの度の私達の仕事といえば、この空いた儘に放置されている多数の兵舎群のマンホール清掃なのでした。マンホール清掃といえば何だか聞こえが良いようですが、何のことはない便槽の掃除です。

直径五十センチ位の重たい鉄製のマンホール蓋を開けると、黒々とした空間がのぞき澱んで冷え切った空気と、形容できないような悪臭がツーンと鼻を刺します。作業の手順としては、まずこの穴に先にローソクを灯した針金を静かに降ろして行きメタンガスの有無を確認するのです。安全が確かめられると五メートル位の鉄製梯子をマンホール内に降ろし穴の入り口に金具で固定したのち、ゴム製の胴長とゴム合羽・ゴム長手袋という装備で作業に取りかかるのです。

梯子を一段一段と降りマンホールの中に入ってゆくに従って冷え冷えとした寒気が身体中を包みこみ、ローソクのか細い灯りに照らし出され、しとどに濡れたコンクリートの黒い壁面が不気味でした。どす黒く泥状化した底知れぬ汚泥の中に足を下ろすのは仲々勇気の要る事でしたが、案外浅く膝まで位の深さのところが多かったようです。

マンホールは底部から天井壁まで約四メートル、円形状で直径は凡そ六メートルといったところだったでしょうか。

此処に溜まっている汚泥を、中に入った一名がショベルで掬っては吊り下げたバケツに入れる。それを天井の穴から二、三人がかりで釣瓶式に汲み上げるのです。外での作業は兎も角として、マンホール内の作業は冷たさのため決められた一時間持つのがやっとだったようです。確か五日に一回位の割で便槽内の作業が回ってきたように思いますが、冷たさや腰痛もさることながら、身体中に沁み込んだ悪臭が仲々取れないのが一番の苦痛でした。

またこのマンホールには、ソ連軍の武器の落とし物が沢山あるのには本当に吃驚しました。旧日本軍では考えられないような事ですが、私達が取り扱った落とし物のうち一番多かったのが小銃十数挺、それから拳銃が数挺、それに剣、ナイフ等も可成りあったように思います。

なお痛ましいことには、此処でも作業手順の不備から、メタンガス中毒によって一名の戦友を失いました。

イルクーツクでの作業は、ほとんどカムボーイも付かず一般人の作業監督もいなくて助かりました。一日の労働ノルマを済ませると、近くの原っぱで蒲公英《たんぽぽ》、あかざ等の野草を摘むのがこの時期はやりました。これに支給された岩塩で味を付けて、慢性的に満たされない食欲の足しにするのですが仲々あくが抜け難く、おまけに最後までが鮮やかな緑色の儘で出て来ますので、これには閉口したものです。付近の草原では蛙はあまり見掛けませんでしたが、蛇の方は多かったようです。其処で何より貴重な蛋白源として蛇の捕獲には皆が目の色を変えて奪い合ったものです。私も数回捕獲し塩焼きで食した事がありますが、可成りいかす味だったと思います。ただし蛇特有の冷たい脂肪の感触が、いつまでも口の中に残るのが不快といえば不快だったでしょうか。

バイカル湖にそそぐ綺麗な河辺で、束の間のシベリヤの夏のひとときを水遊びに興じた事も一度だけありますが、それから僅か一週間位の後には早くも川岸には初氷が張ってしまい私達を唖然とさせたのでした。

チタの戦跡

イルクーツクの夏が終わる頃、私達は再び東へと向かう列車に乗ることになりました。今度の行く先はハバロフスクとの事でしたので、「いよいよ満州が近くなって来るぞ」と皆で話し合っていると、列車の都合で丸一日程このチタ駅で次の列車待ち、という事になったのです。

そして命ぜられる儘にトラックに乗せられ、ソ連軍の将校に連れてこられたのがなんと一九一八年から一九二二年にわたるロシヤ革命の際、シベリヤに出兵した日本軍により占領・破壊されたというチタ要塞の跡だったのです。

そしてそのソ連軍将校は「此処では沢山のソ連兵士達が日本軍に殺され、穴のなかに投げ込まれた」と説明したのでした。どんな意図があってわざわざ私達を此処に連れて来たのかわかりませんが、正直に言って何らかの報復がなされるのではないかと、疑心暗鬼で生きた心地がしなかったのは事実であります。

ハバロフスクにて

チタからハバロフスクへの汽車の旅は一ランク上がって、どうやらローカル列車の一般客車の片隅に乗せて貰い、乗り合わせた乗客達とも何かしら会話を交わした記憶があります。

入ソ以来此処ハバロフスクに来て、初めて街らしい街に接する事が出来ました。というのも今までの私達の収容所が、ソ連一般人達の居住区域から意識して遠避けられた僻地に在った所為《せい》でしょうか。それにこの市街の歩道は、見える限り綺麗な煉瓦で敷き詰めてありますが、此等はすべて私達の前にこの地に抑留されていた我が同胞達の、血と汗と涙の結晶なのでした。

此処での私達の作業は、一般民家の薪割りの手伝い、掃除、それに駅での石炭荷降ろし等が主なものでした。ソ連兵の警備もこの頃では形だけで、民家の手伝いなどは往きはソ連兵士がその家まで連れて行って呉れるのですが、用が済んだら帰途は自分一人で道を探しながら帰らなければならないので苦労しました。

しかし時には民家の人達の貧しいながら暖かいもてなしもありましたし、緑豊かな街路樹のある歩道とか生け垣の小道、色鮮やかな草花の飾ってあるベランダなどを眺めながら、ぶらぶら歩き回れるのも結構楽しいことでした。

それに引きかえ、ハバロフスク駅での石炭荷役は大変な重労働でした。なにしろ十五トン積以上のでっかい八輪のトラックに満載した石炭を、四、五人で下ろすのですが、荷台の昇降装置が利かない平ボディ木製床なのでショベルが滑らず往生しました。ソ連人の運転手に「ダバイ　ダバイ」とせき立てられながら、それでも一日三台位は取り降ろし作業をしたのではないか、と思っています。

こうした激しい労働の一日もようやく終わりを告げ私達がホッとする頃には、もう初秋の夕暮れも近くなり、西の空が夕焼けに薄赤く彩られてきます。駅の周辺には近くのコルホーズ（集団農場）に働く男女の労働者達で溢れんばかりになります。この人々の群れは、やがて到着する列車を待ち受けているのです。

間もなく駅に着いたのは沢山の貨車を連結した貨物列車でしたが、人々は我勝ちに貨車に登り材木の上から有蓋車の屋根の上、また或る者は機関車の上まで、まるで蟻が獲物に群がるように懸命にそれぞれの座を占めるのでした。

騒ぎが一段落して辺りが静まりかけた時、何処からかあるロシヤ歌謡の一小節が高らかに唄い出されるのです。するとその声に和し応ずるように彼方からも此方からも歌声が湧きあがり、それは次第に渾然たるハーモニー、ひとつの大合唱となって、夕焼けの平原に谺してゆくのです。

やがて汽笛を大きく響かせ列車がゆっくりと黒煙を吐きながら、人々のシルエットを黄金色の空に残し大平原の彼方へ過ぎ去った後にも、大合唱の歌声の響きは私達の耳の奥にしばらくの間残っているのでありました。これこそ、どんなに立派な大音楽会場でも聴くことの出来ない凡《すべ》ての人々の魂に沁み透る生きた歌声なのでしょう。

私はソ連にいる間に「カチューシャ・ともしび・ステンカラージン・バイカル湖の畔にて」などの歌を、ソ連兵士や農民の人達から聞く機会が可成りありました。その誰もがみんな天性の歌い手であり、本当の意味で上手なのに驚いたものです。

これらの歌には暗く沈んだ憂欝さの中に、何かしら人の心を暖かく包みこむ恰もシベリヤの大草原を渡る薫風を思わせるような感じがしますし、荘重な旋律ともあいまって、よくスラブの民族性を象徴しているように思いました。

ナホトカの丘

一年半前見知らぬソ連の地に入って以来、幾度かソ連軍兵士達のダモイの話に騙され続け、その度毎に深い失望を味わってきた私達にも、此の頃になって漸く明るい希望の光が射し始めました。

さまざまな内容の内地帰還の噂が彼方此方で取り沙汰されているうちに、いよいよ本当にソ連から日本への唯一の出港地ナホトカへと移動する事になったのです。そして遂に昭和二十二年の十月の上旬、私達はナホトカ港に程近い収容所に入ることが出来たのでした。

この収容所を取り囲んで、広場には同じようなバラック造りの建物が整然と並んで建てられていましたが、どの収容所を見ても満員の盛況だったようです。

整列と点呼、それに人員と名簿の照合が飽きるほど入念に行われた後、もう疲れ果てている私達の前に、民主日本新聞代表と称する二人の日本人が現われ演壇に立ったのです。何事ならんと皆が注目していると、何とも過激な調子の大演説が始まったのでした（以下要旨のみ記す）。

「貴様達は今すぐにでも日本に帰れると思っているが大間違いだ。日本人民族はいまや共産党指導のもとに民主化を目指して頑張っている。貴様達もソヴェット連邦共和国の御指導により民主化教育を受けたのだが、その教育の成果を確認したうえで、新しい共産主義の担い手として日本に送り出すのが我々民主日本新聞の使命である。貴様達はま先ずそのテストの前にこれこれの歌を覚えろ」という次第で、私達はそれぞれ数部の「民主日本新聞」と「民主日本歌謡集」なるものを手渡され、その熟読と練習とを強制されたのでありました。

その夜も更けてから、私達の隊長（ハバロフスクで隊長の交替があり推薦で一般人から隊長が選ばれていた）は皆を集め、「皆さんも辛いでしょうが日本に帰るためですから、どうか適当に歌の練習をお願いします」と諄々と諭され、皆も「それでは何とか頑張りましょう」ということで集会は終わったのでした。

ところが何と翌朝になると、私達の隊は他の多くの隊が整列している広場に呼び出されたのです。そして皆の前に並ばされ例の二人組から「適当に歌うとは何事か」と言った調子で、それこそコ・テ・ン・パ・ンに罵られたうえに見せしめとして、その深夜まで軍歌演習ならぬ「赤旗の歌、インターナショナルの歌」等の演習行軍をさせられたのでした。

「もの言えば唇寒し秋の風」此処にはいたる処に「民主日本グループ」なるもののスパイ網が張り巡らされていたのでしょうか。民主日本グループの連中の制服（?）は、陸軍の将校などが入院した時に用いるマントだったように記憶しますが、私達はこの服装を見掛けると禍が我が身に及ばぬよう早々と身を隠したものでした。

課題の歌が唄えなければ民主主義に対する熱意なしと見て、再教育のためシベリヤに逆送還する。この脅し文句に私達は到底かなうべくもなくお陰でいくつかの労働歌や反戦歌なども覚えてしまいました。

このような事件があってからか私達の学習意欲も大いにあがり、労働歌などの練習の成果が評価されたと見えて、「ダモイ」の順位も相当上位にランクされるようになった、と聞きました。

そんな或る日、私達の隊は、珍しくラボータなしの外出が出来ることになったのです。ソ連軍兵士に引率されて、港の裏手の険しい山路を息を弾ませながらやっとの思いで登り、漸くのことで「ナホトカ港」の全景を一望に見渡せる丘の上に辿りつきました。この港はいま私達が立っている丘を始め数個の小高い丘に三方を囲まれ、丘の頂上から見下ろすと丁度山中の湖のような感じの眺めでした。

「ウラジオストック軍港は見せられないが」と言って、このソ連兵は「多分あの方角あたりだ」と言いながらその方向を指さして呉れたりしました。

私達はこの丘の上に立ったしばしの間、眼下にひろがる青い海の彼方、遥かなる故国に対し言いしれぬ望郷の想いを馳せたのであります。

第八章　懐かしの祖国へ

病院船に乗り損ねた話

いよいよユーラシヤ大陸に別れを告げナホトカを離れる日がやって来ました。この日は珍しく降った夜来の雨がすっかり晴れあがった素晴らしい秋の朝でした。

整列した私達を前にして、ソ連軍の高級将校はいままで見た事もない特別製の笑顔で私達にはついぞ見せたこともない愛嬌を振り撒きながら、あまり流暢でない変なアクセントの日本語でこう言いました。「日本の諺に雨降って地固まると言う言葉がありますが、今朝は本当にその通りになりました。ソ連での民主教育の成果を日本に帰ってからも十分に活用されるよう期待します」という趣旨の演説を終えてから、マルクスレーニン主義に関する図書（B５判で五百頁位）数冊を各人に配布しました。

それから私達は乗船するために、艀《はしけ》に近い砂浜に二列縦隊に整列したのでしたが、驚いたことに此処でまた日本の軍医らしき人から健康診断「問診」を受けることになったのです。体の具合が悪いと言ったら残されるのでは？　という心配もあり、「何処も異常ありません」と言ったまま、その場を離れ逃げ込むように艀に乗り込んだのです。

ところが後で聞く処によると、この時具合の悪かった人達は一緒に出港した病院船高砂丸で至極優雅な帰還の船旅が出来たのだそうです。私達のソ連に対する猜疑心があまりにも強かったため、折角の病院船にも乗り損ねたのでした。今でこそ笑い話で済まされますが、その時はまさに必死の気持ちだったのです。

艀まではソ連人の船員が乗船していますので、次第に近づく日本の船上からの「お帰りなさーい。ご苦労様」などの歓迎のさまざまな言葉や、打ち振られる日の丸の小旗にも何故か素直に反応することが出来ず、誰かに気兼ねしたような感じで胸一杯に溢れんばかりの感激も大っぴらに表すことも出来ないのでした。

けれども艀から日本船上に移るや否や、忽ち期せずして万歳・万歳の大合唱が沸き起こったのです。そして次第に高まってくる喜びを噛みしめながらも、「これは間違いなく日本の船なんだ。周りの誰も彼もみんな日本人なんだ。本当にもう何も怯えることはないんだ」、と何度も自分自身に言い聞かせるのでした。

船室は現役兵として入隊した時は三段の寝台でしたが、この度は輸送人員を少しでも多くするためか四段の棚となっており、寝る時はともかく座る時も背を屈めないと頭がつかえるような窮屈さでした。しかしこの際そんな贅沢は言っておられません。

それはさておき船内で頂いた三度の食事の美味《おい》しかったこと、美味しかったこと。その味わいたるや実に筆舌に尽くし難く感じられたもので、永い期間お粗末な黒パンと乾燥トマトのスープに明け暮れた私達にとっては、まさに天下一の美味でした。

幸いにして海も荒れず船酔いもせず、極めて楽な船旅でしたが、帰心矢の如き私達にとってはあまりにも船足が遅いように感じられたものでした。

舞鶴にて

いままで張りつめていた緊張の糸も解け、また久し振りの御馳走を味わえた満足感からか、恐らくは綿の如く眠り込んでいたであろう私も、何とも形容の出来ない或る騒めきに眠りを破られ、ふと気が付くと最早夜も白々と明けそめる頃でした。

「日本の山が見えたぞー」

その一声に船内が沸き立ちました。それっとばかり、われがちに甲板へとかけ登る人の群れで階段は芋を洗うような混雑です。

人波を押しわけるようにしてデッキに立つと、穏やかな海上の遥か彼方に濃い緑に覆われたなだらかな山々の連なりが見えるではありませんか。日本です。まさに祖国日本です。それは大陸のあの荒々しい枯草色の山肌とは違い、優しく温和で緑と潤いに満ち溢れているのです。そしてみんなが私達を暖かく迎えて呉れるようにも思われ我知らず目頭が熱くなってしまいました。

夢にのみ見し山川も、明け暮れに慕いし家も、
まのあたり近く迫りぬ。かもめ飛ぶ海をすべりて、
船はいま静かに還る。懐かしき故郷の港。

『小学国語読本巻十二』から「港入」の一節を引用させて戴きました。まさに、このとおりの心境だったのです。

舞鶴の港には婦人会の方々をはじめ、沢山の人達が私達を出迎えて戴き「お帰りなさい。ご苦労様」「お疲れ様でした」などの言葉とともに、打ち振られる日の丸の小旗がまるで波のうねりのように見えました。

言い知れぬ感慨を精一杯胸の奥に抑えこんでタラップを降りて行く間にも、何か熱いものが胸中からこみあげて来て、すぐに視界が曇ってしまい日章旗の波も滲みがちでした。人間感極まると言葉にも窮するものらしく、私達はお礼の気持ちを表すのに僅かに頭を下げながら言葉もなく、只々足早に歓迎の人の波を通り抜けたような気がします。

そして案内されるままに、とある建物の中に入るや否や途端に頭髪の中から足先まで全身余すところなく、白い粉末（ＤＤＴ）噴射の洗礼を受けましたが、これはいうまでもなく寄生虫の消毒でした。それから米軍の調査機関らしき係官から旧軍の所属部隊名・武装解除の場所・入ソ地点・抑留場所・ソ連軍の状況等について可成りしつこく聞かれたうえ、ソ連軍の高級将校から持ち帰らされた共産主義関係図書はじめ、身ぐるみの一切合切《いっさいがっさい》、一片の紙切れに至るまで全部押収されてしまいました。

次は入浴でしたが、これもまず消毒用の薬品の入った浴槽を済ましたのち、普通の浴槽に入るのです。みんな何年振りかで存分にお湯や石鹸を使えるのですから、その垢の出ること出ること、まるで鱗でも剝ぐようでしたし、垢の落ちたところと落ちない場所とが斑《まだら》になっていて気持ちが悪くなる程でした。

この後で新しい下着類に夏の軍服上下が準備してあり早速着用に及んだのですが、垢を随分と落とした身体には何だか肌寒く感じられ「垢一枚で大分暖かさが違うものだなあ」と皆で大笑いしたものでした。

そして初めて、此処舞鶴の資料閲覧室で大戦末期の大爆撃による宮崎地方の惨状の詳細をつぶさに知ることが出来たのであります。

帰郷　そして

おかしな事ですが、帰郷の列車内での出来事などは殆ど覚えていないのです。

ただ確か岡山あたりから、向かい側の座席に乗ってこられた小さな女の子を連れた年輩のご婦人が小さな声で「ご苦労様でしたねぇ。大変だったでしょう」と労わりの言葉と一緒に、ほかほかの薩摩芋を新聞紙に包んで、そっと私の膝の上に置いて下さった時は不覚にも思わず涙がこぼれてしまいました。

延岡駅からわざわざ出迎えるため乗車し、大混雑の列車内の私を探してくれた次姉と妹にも逢うことが出来、そこで初めて宮崎のわが家の疎開の経緯《いきさつ》や、母の死の模様などをこもごもと聞かされたのでした。しかし不思議と何の感傷も湧いてこず涙も出ず、ただ呆然として黙って聞きいるのみでした。

思えば死生表裏の苛酷な環境に在って、その年月を極端に限定された範囲の社会、相互の意思疎通さえ最小限の言語で済ませるという閉鎖された世界での生活を余儀なく過ごしてきた私達でありました。

だからこそ現在このように、自分自身が置かれている新しい環境にとまどいを感じ、素直に順応することさえ出来なかったのでしょう。

なにか自分の言葉の表現力に自信がなくなり、そのため無口になる。

柄にもなく人見知りが酷くなり、このために人付きあいも悪くなる。

喜怒哀楽などの感情の起伏が乏しくなり、孤独を好む狷介な人間嫌いの様相を示す。云々といったような症状、所謂抑留ボケと巷ではこの頃称された病気（それも極めて重症）に、私は侵されてしまったのでしょうか。

抑留生活を振り返って

東満州の牡丹江《ぼたんこう》から、中部シベリヤ・セミパラチンスク付近までを、凡そ七千キロとすると往復で一万四千キロ。思っただけで気も遠くなるこの道程を、私達は遙々「旅」してきたのです。いうまでもなくその旅の大方が生きられる最小限の条件を充たすのみの「衣食住」の厳しい制約のもとで強制されたのでありました。

いま、四十数年前の往時を振り返ってみますと、数々の思い出が走馬灯のように脳裏に去来します。或るものは極彩色で、また或るものは淡彩でといった具合に不思議と記憶にも濃淡はあります。

しかしどの思い出も、みなその頃の厳しい批判や激しい憎悪の影が薄れ、ただいい知れぬ懐かしさと哀しみだけが浮かんでくるような気がするのです。四十年という永い歳月が、あの頃の私達の喜怒哀楽の感情までも風化させてしまったのでしょうか。

戦争がもたらした物質的損害については戦後四十数年のいま、すでに大方の修復がなされたと思います。それに加えて奇跡としかいようのない日本経済の急速な復興と相俟って、現今では戦前の水準を遥かに凌駕し世界有数の経済大国の地位を占めるまでに至っています。しかし誰が何と言おうとも、この大戦で失われた多くの人命は決して甦ることはありません。私はこの「戦争」という大きな罪悪を憎む心だけは絶対に絶対に風化させてならないと思うのです。

そして満州の荒野に弔《とむら》うものすらなく無惨にも朽ち果てていったであろう関東軍兵士と満蒙開拓団の人々。ふるさとの山河、同胞《はらから》に思いを残しつつ、帰国の夢も虚しくシベリヤの土と化していった幾多の抑留兵士たち。この数多くの犠牲となった人達のためにも、今後絶対にこのような哀しい出来事を起こさないよう戦争がもたらしたこの悲惨な事実を一人一人胸の奥に、しっかりと刻み付けて置かねばならないのです。

永い抑留生活は私の身体にも様々な後遺症を残してくれました。まずシベリヤでの強烈な雪の反射光が禍してか、軽い雪盲症による視力の減退。風土病マラリヤの再発などですが、いままで何回かの幸運にも恵まれつづけ、幾多の死線を越え無事帰還することが出来た私としては、決してこれ以上の贅沢をいえる訳はありません。そして儚くも若くして散っていった数多くの戦友達のためにも、この「天が私に与えられた時」を有意義に過ごすとともに、何かの面で少しでも社会のお役に立ちたいと心から念願している次第であります。

あとがき

この回想記を書こうと思い立ったのは、もう随分前の話です。「まえがき」でも述べましたように、何を書くべきかとか、焦点をどこに絞るかというような問題で悩み、なかなか筆を起こす決心がつきかねていたのです。

昨年（昭和六十三年）の夏のある夜、拙宅で娘婿の相田久雄（当時テレビ宮崎アナウンサー）と痛飲した際、たまたま話題が私の旧軍隊時代からシベリヤ抑留に至るまでの自己体験に及んだことがありました。この時、「この貴重な体験を後世に残すためにも是非執筆を」と煽てられたのが「回想記」の生まれでるまでの経緯なのです。

なにしろ国鉄を退職して以来、まとまった文章とは無縁になっていましたので、粗筋《あらすじ》の構成のために、まずは梗概の整理からということにしました。現在では文章作成方について数多くのソフトや出版物がありますが、その頃の私としては何ひとつ知る術《すべ》もなく最初からまったくの自己流で始めた訳でした。

まず入隊・渡満・終戦・入ソ・復員といった年代順の重要ポイントを設定してから、これに思いつくままに参考メモを記入して一表を作り、次はそれぞれの欄に今もなお脳裏に鮮明に残っている事象から書き込み、ついでこれに付帯した記憶を逐次書き足していきました。

人間の記憶とは実に不思議なもので、ある糸口を見いだすと今まで全然思い出さなかった事柄まで、恰《あたか》も糸を紡ぐように次々と鮮明に甦ってくるのです。このために就寝の時も枕元に紙と鉛筆を置き、夢《ゆめ》現《うつつ》のなか不意に現われた記憶の断片までも忘れないうちに書き留めるよう努めました。

そんなこんなで大体の構想が出来上がったのが十一月末だったと思います。

これを基本にしてワープロ入力作業をはじめたのですが、始めると原稿以外に次から次に思い出が湧きあがってくるので、ほとんど満足な校正もせず食事の時間を忘れる程一気呵成に打ちまくったのです。

けれども最初のうちは機器の取り扱いに不慣れなこともあり、何時間も苦心して打ち込んだ大事な原稿を不手際で一瞬にして消去してしまい、投げ出したくなった事も再三再四でありました。

大晦日の除夜の鐘を聞きながらもワープロを打ち続け、明けて一月の五日に待望の第一刷が出来上がったのです。

折しも天皇の御不例が伝えられておりましたが、遂に一月七日崩御あそばされ「私達の昭和」も、此処にその終わりを告げたのでありました。

こうした経緯で世に出ることになった「回想記」でしたが、天皇の崩御、そして年号も新たに「平成」と改元されるに及んで本当の意味での「私の昭和」に贈る訣別の辞ともなりました。


平成元年一月十五日拙文「回想記」に対しての御批判と御意見を賜わるべく、笑われるのを承知で、シベリヤ抑留時代の戦友をはじめ、諸先輩、兄姉妹達・親戚・親しい友人達にお贈りしたのです。

ところが皆様方からは案に相違して温かい激励のお言葉を戴き、戦友達からも「懐旧の念に堪え難く夜を徹して一気に読了した」などの電話・手紙が相次ぎ、望外の反響に驚いた次第であります。

「回想記・第一刷」はなにしろ私のワープロによる第一回作品でしたから文面が窮屈で読み辛く、校正したつもりでも誤字脱字等が沢山あってお恥ずかしい限りでした。

今回は行間も充分にとり、出来るだけ読み易くなるように努力したつもりですが如何でしょうか。お読みいただいてもお分かりのように、「回想記」に書かれている出来事は、昭和十九年から昭和二十二年にいたる僅かに四年間。既に私が過ごしてきた歳月に較べてみても凡そ十六分の一にしか過ぎない期間なのです。

それを考えますと、まだまだこの他に他人に知られる事のなかった「自分自身史」について書き残すべき事柄が山積しているように思われてなりません。今後更に決意を新たにしてライフワークとしての「自分史」の執筆に挑戦してゆきたいと思ってはおりますが、如何なりますことやら。乞うご期待。

平成元年三月二十八日

三十七回結婚記念日の佳き日に

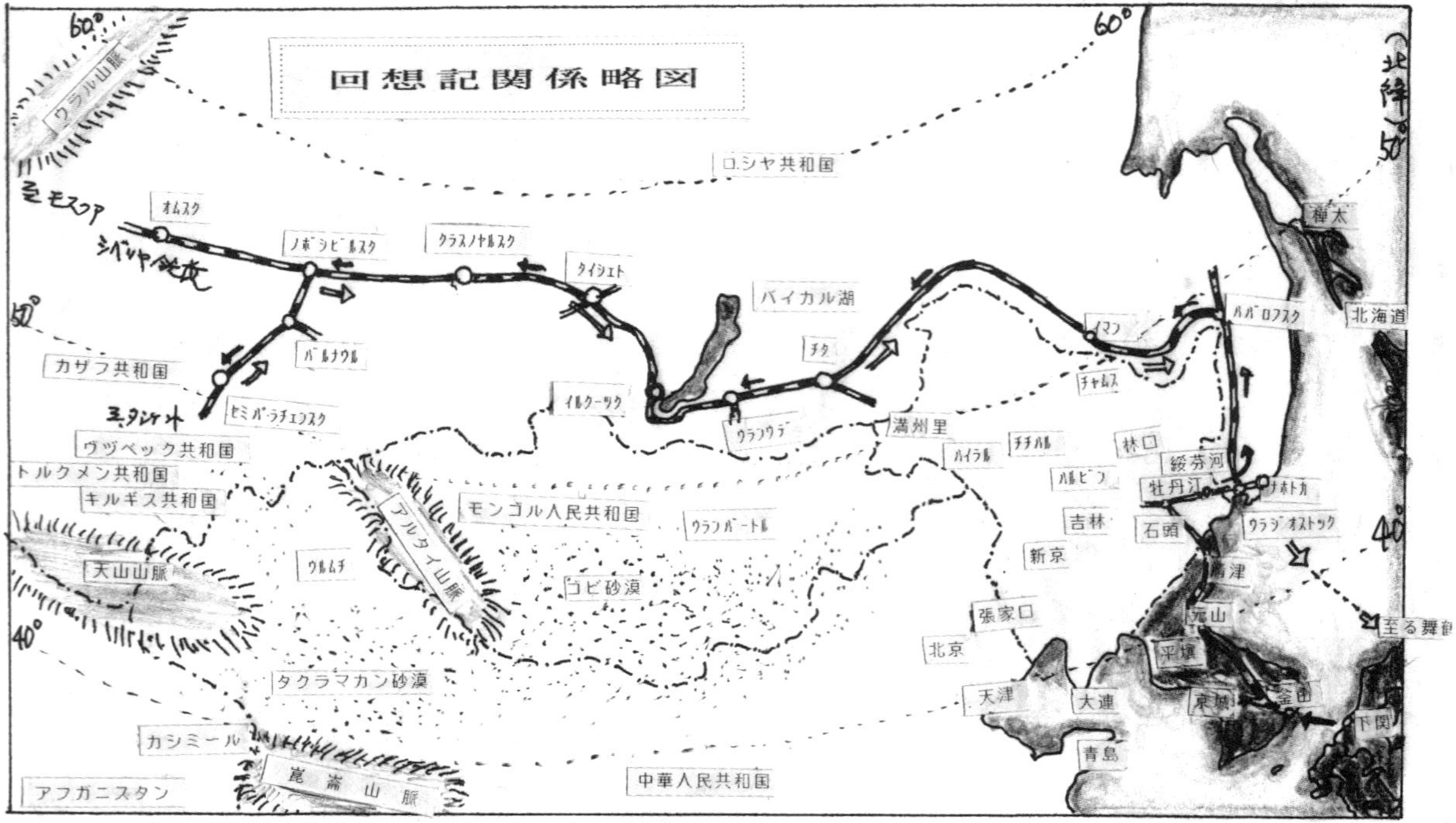
回想記関係略図
ウラル山脈
60°
ロシヤ共和国
至モスクワ
オムスク
シベリヤ鉄道
ノボシビルスク
クラスノヤルスク
タイシェト
バイカル湖
イルクーツク
ウランウデ
チタ
満州里
イマン
チャムス
ハバロフスク
樺太
北海道
北緯50°
50°
カザフ共和国
バルナウル
セミパラチェンスク
至タシケント
ウヅベック共和国
トルクメン共和国
キルギス共和国
天山山脈
40°
アルタイ山脈
モンゴル人民共和国
ウランバートル
ゴビ砂漠
ウルムチ
タクラマカン砂漠
カシミール
崑崙山脈
アフガニスタン
中華人民共和国
ハイラル
チチハル
ハルビン
林口
綏芬河
牡丹江
ナホトカ
石頭
ウラジオストック
吉林
新京
張家口
北京
天津
大連
青島
清津
元山
平壌
京城
釜山
下関
至る舞鶴

回想記関係略図

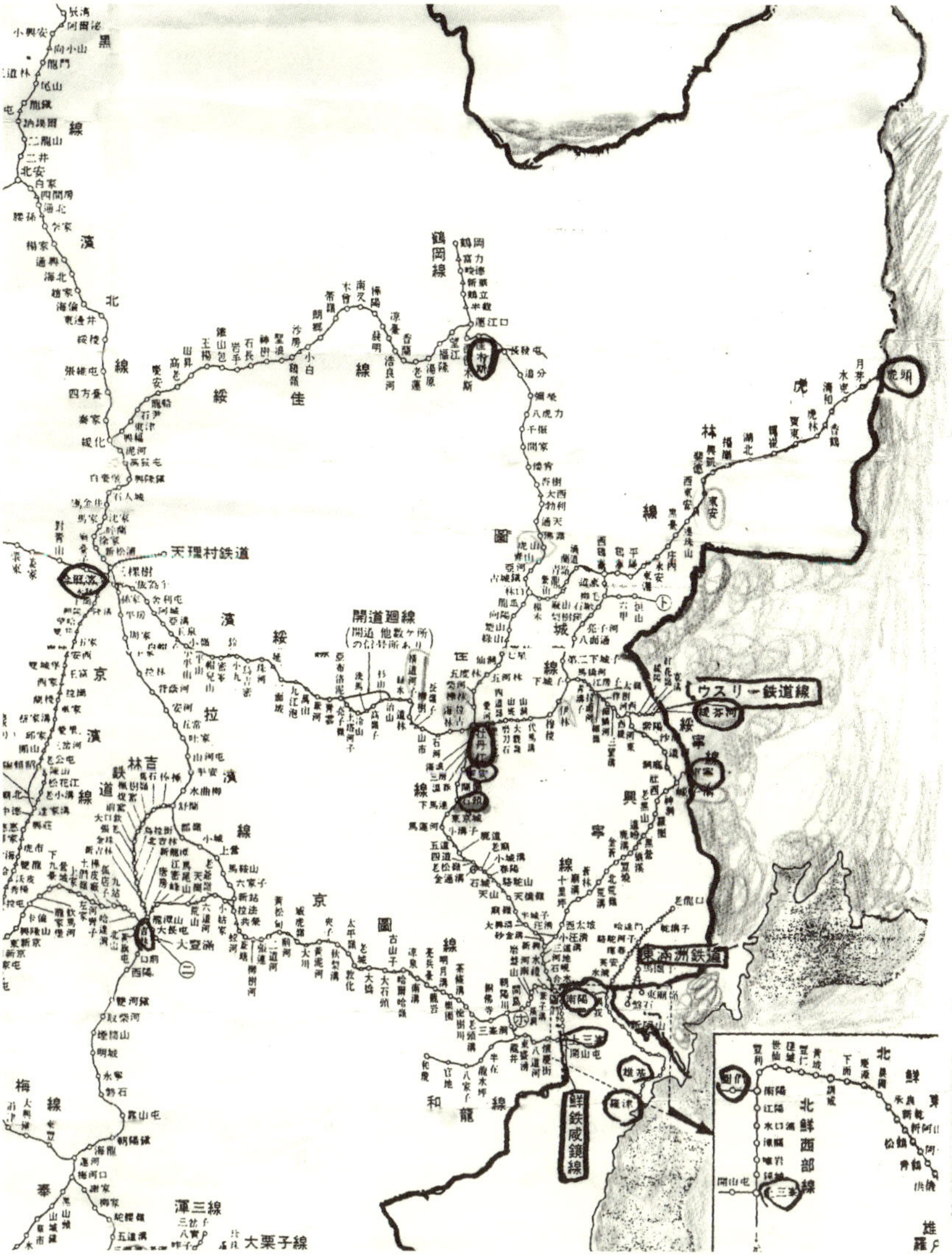

関連満鉄路線図
（1938 年満州鉄道発行の鉄道路線地図をもとに編集）

第三部

もろづかものがたり

この「もろづかものがたり」は、私の四番目の兄（大川 清）が、教職を辞した頃書いたものです。

当時、私達兄弟姉妹に配布された原本から復刻し編集しました。

原本は几帳面なこの兄の作品らしく、丁寧で独特な風格のある手書き謄写版刷りでした。この紙面上では原本の味が再現でないのは本当に残念です。

平成十五年七月

第一章　家代《えしろ》と七っ山

わたしたちの祖父と祖母は、諸塚村の生まれであります。

祖父は家代、祖母は七っ山の出なのです。今では諸塚村といっていますが、旧藩時代は、それぞれ家《え》代《しろ》村・七っ山村といって独立の村でありました。

わたしは昭和三十二年から昭和三十六年まで、足かけ四年間、諸塚中学校に勤務しましたので、その間に見聞した事を書いてみようと思います。

まず、祖先の系譜を明らかにしようと思って、いろいろ調べてみました。祖母の七っ山の方は、生家も現存し系図も有ることですから、いともたやすい事でしたが、祖父の家代の方は、とうとう極める事が出来ませんでした。

なにしろ、祖父が故郷の家代を去ってから、一世紀に近い年月を経ていることですし、それに故郷を捨てた原因に何かいわくがありそうで、それを明らかにすると、現存する人々に何か迷惑を及ぼしそうな気がしました。ありていに言いますと、根掘り葉掘りの調査をしなかったせいもあるのです。

家代という集落は、耳川支流の柳原川の岸、標高四百メートル位のよく開けた、なだらかな斜面上の集落です。そして昔からの家柄のよい家とか、金持ちの家とかは、きまって集落の上の方、つまり標高の高い方にあります（上の方ほど生活条件に恵まれ、耕作地も広く、牧畜にも適している）。

　母から聞いた話では、家代の生家が大きな構えの家であった事、牛が数頭いて作男も居たという事、没落の原因は、祖父が何びとかに騙されて証文倒れになり、家屋敷を失ってしまったのだという事、それに七っ山の祖母の実家が、祖母の身の上を哀れがり、七っ山の家へ引き取ろうとした話等が思い出されます。

　とにかく、七っ山庄屋家の美人の娘を嫁に迎えたのですから、祖父の家がそれに相当する家柄であった事は間違いありますまい。

　あらまし、以上のような事を述べまして話のいとぐちと致します。

第二章　甲斐氏の由来

「その一」

家代・七ッ山は、高千穂四郷の一つとして、三田井氏の領地でした。秀吉の九州征伐の後、延岡に高橋氏が封じられて、領主となってやって来ますと、三田井氏は、その家臣となることを拒否して、戦いを始めるのです。

この諸塚の地も、そのどさくさに巻き込まれるのですが、その戦争に、甲斐という名ある武将が多数活躍しますので、「日向国史」の三田井氏滅亡のくだりを、ぬき書きして紹介します。

天正十五年冬、豊前国香春城主高橋近太夫元種一万三千石を加増し、日向国県《あがた》（現在の延岡）に転封し、松山城（今の延岡城址の西北）に入る。

これよりさき、三田井政次（高千穂太郎）五十五世の孫、右京太夫右武《すけたけ》、高千穂の庄向山城に居る。右武に二子あり。長を親武（越前守）次を親貞といふ。

征韓の役、秀吉、大友義統《よしむね》の怯懦を罪して、領豊後を没収するや、義統の家臣四方に流亡し、あるいは親武に仕ふる者あり。元種これをよろこばず。

親武もまた、その家系の古きを誇りて元種に臣従することをがへんぜず。つひに険によりて四十八塁をまうけ兵備を修して元種に抗す。

　元種すなはち秀吉に乞ひてこれを討つ。

当時、三田井の家老に甲斐宗説、甲斐因幡、甲斐但馬、甲斐重安あり。甲斐宗説始めは家代村の給人《きゅうじん》（最上級の武士・家老職）たり。今や、岩井川村高城山の守将として、貴志原の背後をいましむ。元種、密使を宗説に送り、くらはすに利を以てす。宗説、すなはち款を元種に送る。文禄元年九月、元種、松山城を出て、岩井川に宗説の軍と合す。全軍およそ三千余人なり。

二十七日たそがれ、元種精兵百五十をきて岩井川を発し、親武の本城（十社明神・現在の高千穂神社の背後にあり、出丸の城という）を攻めしめ、別に八百余人を以て、岩戸口、大野原亀山城を襲はしむ。元種は篝戸の本陣にあり。この夜、宗説、ひそかに本城をしのび親武の寝所に忍び入り、鎗をもってこれを刺し、火を城に放つ。

元種の兵すなはち二道よりならび攻め、一つは三田井城に、一つは大野原、亀山城にせまる。亀山城の稗将（下級武将）藤田左京、城主富岡長義（弥十郎）にすすめて城をのがれしめ、自らこれに代りて刃し城遂におちいる。

長義はしって肥後の国、矢部郡戸土呂城主、甲斐秋政（兵庫頭）による。

この夜、親武の一族有藤信久（玄蕃頭岩井川石山城将）会仲山御所に在り。

また元種の兵の攻むるところとなり、奮戦して死す。年二十八。元種の兵進みて淡路山城を屠る。ここにおいて、親武の嫡子重信（時に十六）その残兵をもって降る。

二十九日、元種、宮水にて親武の首級を検す。後、里人これを林中に葬り称して御塚といふ。（享和二年、三田井氏の支族、興梠《こおろぎ》兵衛重綱、中村忠兵衛、七折庄官（庄の長官）甲斐又兵衛等相よりて厚く親武のために法事を営めり）伝へいふ。これより先、親武、肥後方面の守備として、甲斐秋政を矢部郡戸土呂城に、甲斐宗運（宗説之祖父、または兄ともいふ）を三船城に、結城弥平治を相藤次城におく。

天正十八年加藤清正三城を攻むるにおよび、三将ならんでいつわり降る。

清正もとよりその実を知る。故に、弥平治の外道を用ふる名とし、秋政をして相藤次城を襲はしむ。秋政こばむあたはず。遂に兵を出し弥平次を殺す。

清正すなはち戸土呂城の虚に乗じ、火をはなちて之を焼き、かつ秋政を帰路に要す。秋政奮戦して主従わづかに十七人、高千穂にはしり、三ケ所村赤谷にいたる。時に文禄一年三月二十日なり。

三ケ所村被官（代官の役）甲斐源太左衛門、秋政を射てその左眼を傷つく。

秋政のがれて岩井川小崎城にいたり、一子を留めて後事を甲斐宗説に託し、翌二十一日、家代村を経て、黒葛《つづら》の原《はる》の民家に一泊し、二十二日、宇納間境界国見峠（左衛門峠の南方・秋政の墓あり）に入る。

家代村の被官甲斐與惣左衛門、これを途に要す。

秋政の一行「富岡長義もこの中に在り」奮闘してことごとく自刃す。

しかして與惣左衛門もこれに死す。

秋政は菊池秋忠「肥後守」の嫡男にして、けだし與惣左衛門とは同族たり。しかれども、秋政は三田井氏に仕へ、與惣左衛門は高橋氏に属す。故に今、このことあり。

次に、高橋元種に内通して、主君三田井親武を裏切った上に、これを殺害した甲斐宗説はどうなったでしょうか。「日向国史」と、延岡藩の「延陵世鑑」という文書では、内容に少し相違がありますので、ならべて書いてみましょう。


「日向国史」

文録二年九月、元種松尾城に帰る。元種深く甲斐宗説の二心を憎み、之を誅せんとし、水清谷《みずしだに》四郎等をして兵を小原峠（岩井川上流）に出し、急にその小崎城を攻めしむ。城たちまちおちいり、宗説、向山にはしる。途にして追兵のせまるところとなり、木ケ崎付近なる鶴の平の林中にて自刃す。ここにおいて三田井氏の旧臣おおむね高橋氏に属す。一説に宗説の子小左衛門、禄千石をもって元種に仕へ、高橋氏の移さるるや、更に禄百石をもって有馬氏に仕へ、姓を森田と改むと。

「延陵世鑑」

かくて親武が余類一々討ちほろぼし、高千穂平均しければ、宗説の軍忠莫大なりとて、その子小左衛門尉に千石の知行を賜る。その子孫高橋氏改易の後も、有馬侯より百石の禄を賜り氏を森田と改む。

又、古より十社明神の祭りに、鬼八法師が墳に人性供《いきにえ》へしを、この宗説、鹿に改めにけり、ここによりて、高千穂岩井川に宗説八幡宮を勧請して今に在り。

甲斐宗説のことを、くどく紹介したのはこの人物が、家代《えしろ》村の甲斐家の祖ではないかというような話を、皆さん方の中からちらちら聞きましたので詳しく述べてみた訳なのです。

宗説の最後がどうであったか、はっきりした事は判りませんが、敵に内通して主君を殺し、三田井家を滅亡に追いやった事は、何とも許しがたいことに思えます。

三田井氏ゆかりの高千穂の人々から総すかんを食ったことは、間違いないことでしょう。わざわざ、甲斐という姓を森田に変えたことについても、何だか、過去の罪悪感から逃れようという意図が考えられてなりません。わたしは試みに、電話の番号簿で森田姓を探してみましたところ、延岡局内には数名ありましたが、高千穂局内には一人もありませんでした。

ところで、先に述べた戸土呂城主の甲斐秋政や、これを国見峠に要撃した甲斐與惣左衛門が、ともに菊池の同族だという記述は、注目しなければなりません。もともと、三田井の祖である三田井政次（高千穂太郎）の母は、肥後の菊池武行の娘であり、三田井氏と菊池氏との関係はずっと昔から深いものがあります。菊池氏は阿部氏の流れで、延久二年（一〇七〇）則隆の時代に肥後の国菊池郡に来住して以後菊池姓を称しました。南北朝時代には南朝側に立って、阿蘇の大宮司家等と共に、足利尊氏らの北朝側と戦い、一時は強大な勢力を持っていました。けれども南朝の衰微とともに勢力が衰え戦い敗れて、一族は各地に分散しました。三田井氏をたよって高千穂に来た者が多かったことは確かなことでしょう。

また次のような説もあります。鎌倉時代の頃、この菊池家に相続争いがあって、不満の一派が甲斐の国に去り、鎌倉幕府に事の是非を訴え出たという説であり、その子孫が、足利尊氏に味方して、九州に下って菊池軍と戦って敗れ、それらが日向各地に散らばって、甲斐姓を名乗ったのだというのでありま す。日向では、当時北朝方に味方していたのは土持氏でしたから、この説に幾分かの真実があるとすれば、土持・甲斐との関連があるかもわかりません。

「その二」

「諸塚村誌」に集録されている記録の中に明治七年当時の戸長（村長）駒木根信成に提出された家代村の文書があります。それは、正徳年間（一七一二頃）から幕末にいたるまでの、家代村における弁指《べんざし》（集落の長）と庄屋をつとめた者の一覧表であります。弁指、庄屋は七っ山では世襲でありましたが、家代村では札入れによって選んでいたようです。

ところで、この歴代の弁指の名前を見ると、藤兵衛・倉右衛門・重助という名ばかりの人の中に、甲斐才蔵とか、河野国右衛門というような姓名のある人が混じっています。姓を持つ者は、士分のものか、またはその取り扱いを受ける者かに限られるわけですが、庄屋の方の一覧表は、さすがに姓のある人ばかりでした。その中で、黒木という姓を有する者七名、甲斐の姓をもつ者四名、本田姓一名、中川姓一名というようになっていました。
祖父の家が、この中のどの甲斐姓と系譜を一にするのかどうかわかりませんが、とにかく、家代における家柄であったことは間違いないことのようです。
七っ山庄屋の来歴という一文が「諸塚村誌」の中に集録されていますから、それを転載しておきます。

古は高千穂の荘と称し、世に高千穂三田井家の所領なりしが、天正年間、県の城主高橋の領に属し、慶長八年有馬氏来城し、元禄五年、三浦壱岐守領主となり、正徳二年、牧野大学頭領主となり、居城を延岡亀井に移し臼杵郡と改む。延享四年、内藤備後守来りて城主となり、廃藩置県となる。禄高百九十二石八斗五升一合なりき。七っ山甲斐家は菊池氏の子孫にして、諸国諸城を攻略の際、追われてこの地に来り、世々代々庄屋となりたるものならん。菊池氏は隈府より日向米良に来り、現今の菊池氏はこの家系を継ぎたるものなり。

禄高百九十二石八斗五升一合とは、甲斐家が司っていた、七っ山村の石高をいうのであります。そしてとにかく、七っ山を中心とした甲斐姓の人々は、みなこの庄屋家の一族なのであります。

第三章　七っ山を訪れて

最初に七っ山を訪れたのは、昭和三十二年の十月、七っ山小・中学校の運動会の時でした。

信綱さんは死去されていて、信綱さんの弟の時衛さん（元校長）と当主の則生君とに案内されて、たそがれ近いころ庄屋家を訪れました。七っ山本村のほぼ中央部の、やや小高いところに鬱蒼とした樹木に包まれた、わらぶきの、しかしがっしりした大きな構えの家がそれでした。

則生君の母堂は元気な人で、わたしに対して何の遠慮もなく、また何の外交辞令もなく、「校長になったちゅうて、いばったらだめぞう。まじめに、いっしょうけんめいやらにゃあ」などと、説教を垂れ給う次第で、こちらも遠慮せず、いろりばたにあぐらをきめこんで、いろいろな話に夜が更けました。

茂士生君もやって来て弥生から説教されたことなど、宮崎の家から師範学校に通っていた頃の話に花が咲いたのでした。

その夜、奥の広間に寝たのですが、何の物音もしない真っ暗やみの、広い空間にぽつんと一人寝ていることが、何だか次元の違う世界に居るような気がして、なかなか寝つかれませんでした。

庄屋役所はこの家とは別の所にあって、今では、石垣だけが残っています。最後に訪れたのは、諸塚中学校を去って延岡の教育事務所に転任するときでした。別れの挨拶を述べますと、かの母堂から、いきなり「たった三、四年しかおらんで転任するたあ、なんごときゃあ、運動したとじゃろうが」と一喝を浴びせかけられました。三、四年という年数は、取るに足りぬ短日月であるのでしょう。

わたしは辟易して「そうじゃないとよ、おばさん、ちょっとばっかし成績がよかったと見えてな、県の方がわたしの知らんうちに動かしたっょ。県の命令じゃかい、どうもならんとよ」と言いますと、「ほうまこときゃあ、そんならいいさて、ま、しっかりやらにゃのう」と言ってくれました。

そののち、教育事務所時代に、諸塚小・中・七っ山小・中を訪れる機会が何度かありましたが、その後訪問する折とてなく、いつか、いつかと言っているうち、二年ばかり前、あの元気な母堂も他界されたという通知を受けました。

まだお悔やみにも行けずにおります（この母堂は、母の従兄弟の信綱さんの夫人になる人です）。

このように甲斐氏の一族からは、多数の英邁な人材を出しておりますので、わたしたちも自戒して、亡くなった母の、折にふれての励ましの言葉を胸に、忘れないように努力しなければならないと思います。

第四章　伝承民話あれこれ

「仙は山に住み、俗は谷に住む人をいう」と言います。抜け目のない商売人などは、交通利便な谷に住みつくが、山師とか炭焼きのような人々は奥深い山中に住みます。一般にこの地方の人々は、社交が下手で不調法ですけれども質朴で、人情深いところがあります。

所謂、仙に近いのではありますまいか、この人たちは、時間や空間に対するあせりがありません。時間を気にしていてはどうにもならぬ地形なのです。また、隣家といっても数キロもあるといった広がりなのです。どこか間が伸びていて、こせこせしたところがありません。

このような生活の中には、きまって怪談や、狐、狸、川獺《かわうそ》、むじな等になぶられた話や、山神、水神、ひょうすんぼ、の話などが数多く登場するのです。伝説も沢山残されています。

しかし、こうした地域も次第に、近代化されるにつれて、それらの話も次第に消滅して行くのです。本当に、惜しいことだと思います。

ここでは祖父から聞き覚えている話を二話書いておこうと思います。

「第一話」

茂平という男が或る日小舟に乗って、上流の集落に用を足しに出かけた。うららかな天気で、茂平は鼻歌まじりに舟を操っていると、川の深みのところでいきなり、ぴたりと舟が止まってしまった。茂平がいくら力をこめて押しても、いっかな動かない。「はて不思議じゃ、このあたりに乗り上げる岩はないはずじゃが」と思っていると、舟ばたから、ひょこ、ひょこと、ひょうすんぼの顔があらわれた。

茂平も面白い男であったから、「こらおまえたちゃ、舟を止めて何をするとか」と叱りつけると、ひょうすんぼ達は、口々に「茂平すもとろや」とわめき立てるのである。「こんげなところで、なんがすもうがとるるか。ばかどんが」と茂平がいうと、ひょうすんぼの中の親分らしいひげを生やした奴が「あすこに中州があろうが、あすこに上がってすもうを取るとよ」と川の中州を指さすのであった。

茂平は考えた。こんわろ達と、いろわんことをしちょったら、でじなこっちゃ。だまくらかしてくるるわい。「おら、上の村に用事があって行きよるとじゃき、帰りがけにすもうとるわい。わがどま、あすこに上がって待っちょれ」。ひょうすんぼ達は口々に、「嘘を言うたら舟をひっくりかやすど」といいながら、ちゃぽん、ちゃぽんと水中に消えていった。

茂平は心の中で「ひょうすんぼとすもうをとったら、かかじられて、けがをするばっかりじゃ。

よし、よし、酒を飲ませて、よくらわせてくるる」と考えて用が済むと酒を買い、舟をつないである川ばたに座り込んだのである。

一杯飲んで次の一杯は「これは水神さまにさしあげます」と、たらたらと川にそそぐ。一杯飲んでは「これは水神さまの分です」と、とくとくと川に流す。こうして酒の大半は水神さまに差し上げてしまった。

茂平が下りの川を、いとも軽ろやかに舟を操って、くだんの場所に差しかかってみると、これはしたり、ひょうすんぼ達は、中州の砂の上に、赤い顔をして、ごろごろと寝てござるではないか。

「よーい。おまえたちゃ、すもうはやめたとかあ」と茂平がおらぶと、ひょうすんぼの親分が、腕まくら頭起こして、「わりが、あんまり酒を飲ますもんじゃき、よくろうて、すもうどこじゃねえさて」というたげな。

とんもじ・かっちり

「第二話」

川に魚取りに行った権という男が、誤って川に落ち、行方不明になってしまった。権がはまったところは蛇ケ淵といって、あぉうん、あぉうんした深さもわからんところであった。

村人たちは総出で権の体を探したが、淵の中は真っ暗闇で、水中にもぐった若者たちも、おぞけをふるって這い上がってくる始末である。

村人たちは「こりゃあ、ひょうすんぼに取られたとじゃろう」「とても体はあがらんばい」などと、口々に言い合っていると、紋次という男がしゃしゃり出て「おりが水神様にたのうで権の体を上げてみする」と言い切ったのであった。

紋次という男は、とっぱずれで、日頃人々から、あまり信用されていない男であったから、みな、何を言うかという顔をしてだまっていると、紋次はいきなり、くるりと尻をまくってそのきたない尻を蛇ケ淵に突き出し、「水神さま、水神さま、どうか権の体を上げてくだされ。上げてくだされば お礼にこの紋次のけつのこを差し上げます」と大きな声でおらんだのであった。

すると、何ということだろう、蛇ケ淵の水面が俄に泡立って乱れ騒ぐよと見るまに、いきなりぽっかりと権の死体が浮かび上がって来たではないか。

あらふしぎや、おそろしや、村人達はあまりの出来事に息をのんで立ちすくみ、次に起こるであろう紋次のけつのこの成り行きを心配して体をふるわせて見守っているばかりであった。

紋次は平気なものである。えへん、えへんと咳払いをして、「さあ水神さま、今すぐ取ってくだされ」と尻をまくって差し出したが、なにかぴかぴか光るものが股の間に見えるので、人々がよく見ると、紋次は、とぎたての草刈鎌の、刃がぎらぎらしたやつを、尻の間にはさんでいるのであった。

紋次はしゃがんだままで、「さあ取れ今取れ、今取らにゃやらんど」と大声でおらび続けるのだが、蛇ケ淵の水面は静まりかえって、何の異変も起こらなかった。そして、紋次のけつのこは、とられんですんだげな。

とんもじ・かっちり

第五章　むすび

以前話に出てきたことの具体化について、あれこれ考えて来ましたが、まず子供達に残してやる話として、祖先のことが第一ではなかろうかと考え、独りよがりのようですが、諸塚物語を書くことにしました。

諸塚村は、今や人口三千人位の過疎の村ですが、広大な森林資源に恵まれた豊かな村です。そして都会では、とうに失われた古代がその生活の中に息づいているのです。

往古から、山村社会のいろいろな舞台で、活躍したであろう祖先の血が、今わたしたちの体に流れている。そうしたことを何とかして書き残そうと思ったのです。

しかし結果としては、以上のような御粗末なものになってしまいました。何かの参考になれば幸いだと思っています。

いささか自負めいた話ですけれども、わたしが諸塚中を去る時には、地元の塚原はもとより、遠く山坂を越え餞別をたずさえて、別離を述べにくる人が後を断たず、とくに家代《えしろ》から沢山の人々が見えて別れを惜しんでいただきました。

おかげで荷造りは、深夜十二時頃にするはめになりましたが、灯がともっているせいか、それでも人が来るのには困りました。

出発する時には、過去にこんな人出はなかったという程の、盛大な見送りを受け、中学生などは、次のバス停まで走ってついて来るというような有様で、思わず涙が出てしまいました。

わたしは心の中で、これは自分にそれだけの力があったのでもなければ、また大した功績があった訳でもない。なにか目に見えぬもの、不可思議なものがあったのだ。いわば祖先の霊とでもいうようなもの、或いは村の血につながる者としての、不知不識のなかでの親和感、そういうものがあったのではないか、と思いました。

甲斐氏の血を引く人々は、自分の血の中に、祖先が生きていることを自覚していただきたいと思います。

いたずらに先祖をひけらかすのは、ナンセンスですが、自重自戒し、ゆめ、汚名を後代にのこさぬだけの覚悟は必要だと信じます。

昭和五十二年十二月

大川　清

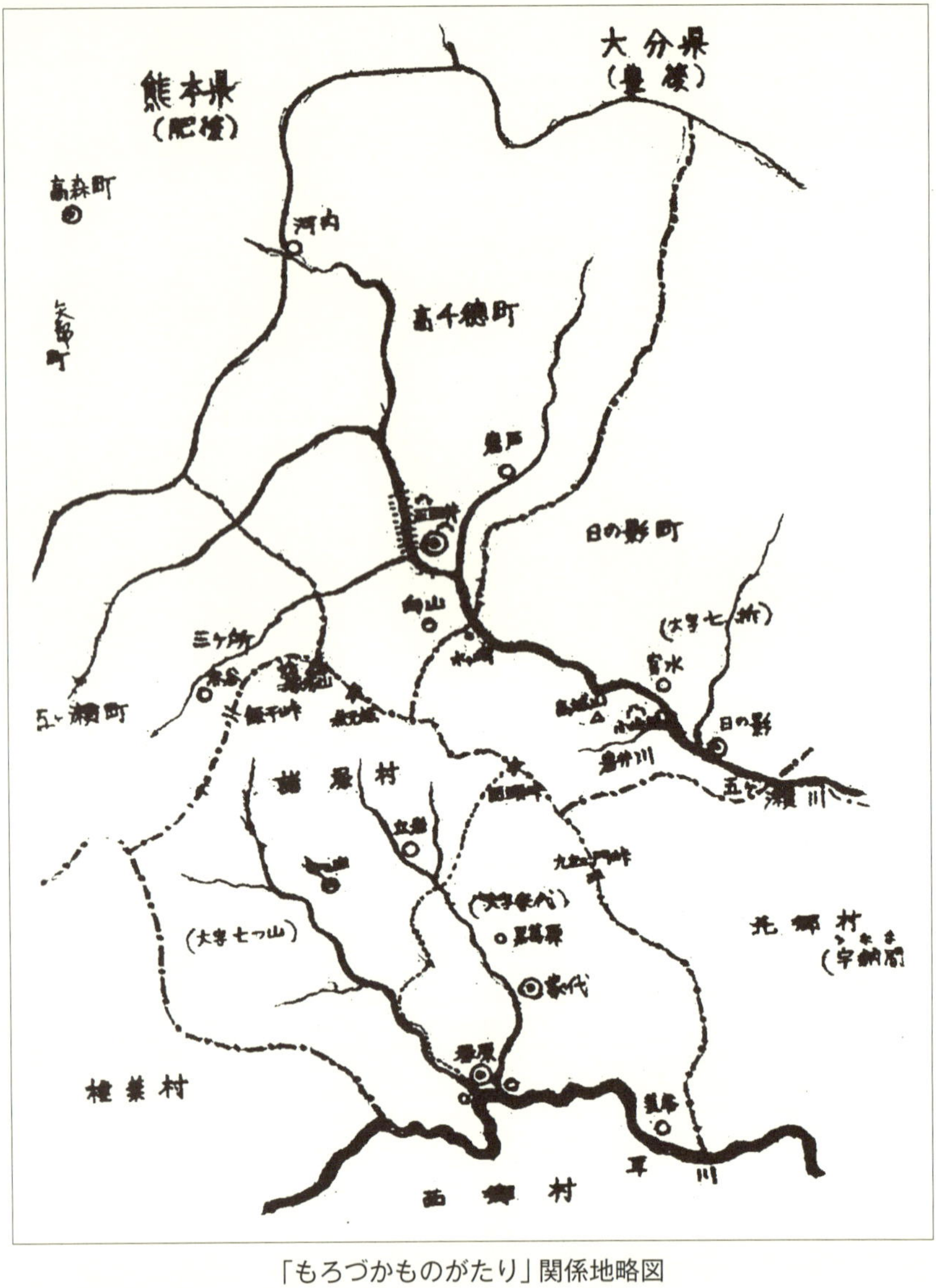

「もろづかものがたり」関係地略図

第四部

随想集

これからのページは、私が国鉄九州地方自動車部に在職中の頃、部内の機関誌へ寄稿掲載されたもの、並びに退職後ＯＢ会会報に寄稿したもの等から抜粋したものです。

お目にかける様な代物ではない雑稿ばかりですが、ご寛容のうえ、御笑覧頂ければ幸いです。

第六小学校の思い出

平成元年五月・創立六十周年記念日に際し、大川周上先生（甥）の要請により、記念誌掲載のため寄稿、学童向きにとのことで成る可く平易に書いたつもりです。

私が第六小学校（現在の江平小学校）に入学したのは、昭和五年の事ですから、もう六十年近くも昔の話になります。

その頃私達は神武様の一の鳥居の近くに住んでいましたから、学校に行くのにも割合と便利でした。当時は一の鳥居から神武様までの道幅も狭く、両側に大きな桜の並木が続いて、通称を桜馬場と呼ばれておりました。また一の鳥居の両側の玉砂利を敷きつめた広場には、大人でも両の手に余るような楠の大木が十数本もあり静かな木陰をつくり、西側には「谷村計介の銅像」があって、まるで公園のようで子供達にとっては格好の遊び場でした。

銅像の南側の横道を西にはいると、しばらくの間酒蔵の麹《こうじ》臭い漆喰塀に沿って、季節の変わるごとに可憐な花を楽しませてくれる小道がつづきます。やがて枳《からたち》の生け垣をめぐらした私立江陽女学校の建物を横にみて、師範学校へむかう少し大きな道を、お地蔵様の辻から南に入ると丁度校門の前に出てくる近道となるのでした。

この小道の右手の方は低い杉の生け垣に囲まれた草っ原で、やや手狭な感じはするのですが江陽女学校の運動場なのでした。左側は深い谷間で底を江平池につながる小川が流れ、谷に沿って両側に椎やくぬぎなどの大木が昼なお暗く覆いかぶさるように生い茂っていました。

その小道は一面まるで大蛇がのたうっているようにも見える木の根っこだらけで、私達はこの曲がりくねった木の根に足を引っ掛けてはよく転んだものでした。

小学校の正門は現在でも大体昔の面影をとどめていますが、当時は正門から校舎の玄関にゆくまでの道幅がいまより随分狭かったように思います。

校舎に向かって右側には既に幼稚園が建っていましたが、左側はまだ蓮池でした。

私のすぐ下の妹が一年生新入学の時、「落ちそう、通るのが怖い」と言って泣きだし、とても困ったことを覚えています。

玄関の両側には夾竹桃の植木があり、毎年の晩春から初夏にかけて色鮮やかな花を沢山咲かせ私達を楽しませてくれたものです。

学校の東側はまだ蓮池で、池の向こうは家並みひとつ越して江平のバス通りです。蓮の花が咲く頃は水面が見えなくなるほどで、それは大変綺麗なものでした。

校舎の南側が運動場で、その向こうには池を埋め立てた跡地に新しく高等小学校を建築中だったと記憶しております。

校庭の西側はこれも通称「東池」を埋め立てて作られた市営グラウンドでした。まだその頃はグラウンドの周囲には、櫨が植えられた二メートル程の堤防の名残が連なり、かつての大池の面影を僅かに止《とど》めておりました。

埋立て後、日も浅いせいか水はけがあまり良くなく処々に青苔が生え、雨上りなどは特につるつる滑ってよく転びました。

秋になると宮崎市内の七つの小学校の五、六年生以上で、連合運動会が此処で開催されましたが、なんといっても私達の関心のある一番の呼び物は、各校対抗のリレーだったようです。

その頃は市内の小学校は第一から第七というように、番号で呼ばれていましたから、私達の江平小学校は第六小学校と呼ばれていたのです。

リレーの順位は例年のように。第二（小戸小）か第一（宮崎小）が優勝を争うことが多く、私達は何時も残念がったものでした。

そういえば「学芸会」も、その頃の懐かしい思い出のひとつです。

なにしろ新設して間もない学校のことですから、講堂の設備もなく学校のいろいろな式典は、北側の第一校舎と南側の第二校舎の間の空き地ですべて行われていました。第二校舎の廊下側に仮設舞台を作り、周囲に紅白の幕をめぐらすなど子供心にも晴れがましい気持ちになったものです。

学年別の合唱、独唱にはじまって、朗読、即席揮毫等とつづき、それに童話劇なども交えての多彩なプログラムでした。父兄達も大勢つめかけて、それぞれ子供達に声援を送るなど、それはそれは大変な賑わいだったように記憶しております。

三十年の思い出
――昭和四十三年十月博多自動車営業所助役時代――

功績章を受賞して、昭和四十四年一月「九州国鉄バスだより」四十六号に掲載（原文のまま）

十年ひと昔と申しますから三十年と言えば三昔、やっと不惑の歳を過ぎたばかりの私が「昔を語る」などと申しますのは、些《いささ》かおこがましい限りですが、思いつくまま二、三書いてみようと思います。

私が当時の国鉄に就職致しました昭和の十三年頃は、九州の南の方では、まだまだ鉄道華やかなりし時代で颯爽たる赤い帽子の駅長さんへの憧れから、家庭の事情もあるにはあったのですが、先生をはじめ兄や姉達の進学の奨めをも、きっぱりと断って採用試験をうけ見事に合格。ここに「小倉服に銀ボタン」の一人の国鉄マンが誕生したという次第です。この時なんと十四歳と六カ月、まさに紅顔可憐な美少年でありました。

最初の任地は吉都線のK駅でしたが、今まで父母や兄姉達から可愛がられていたのとはうって変わり、馴れぬ仕事と人使いの荒さに、なかなか自分の時間が持てず、やっとはいった寝床の中で独り遥かなる我が家に想いを馳せながら、つくづくと他人の飯の悲哀を感じる毎日だったように思います。

当時は上下（先輩後輩）の躾《しつけ》もそれはそれは厳しい頃でしたから、西諸弁に不馴れのことも重なって、失敗の連続で叱られっぱなしの明け暮れでした。なかでも肝を冷やしたのは、防空演習の最中灯火管制で真っ暗闇での構内入換中、突放車両に飛び乗ったものの真の闇、それに生憎の雨でサイドブレーキの目測を誤り留置車両に激突させて大目玉をくった事でしょう。

またこれも秋雨の日、つけ木の薪が湿って石炭がよく燃えず、時間になっても風呂が沸かないといって、K助役からそれもよりによって通学生で一杯の上下列車到着のホームで言い訳無用とばかりにビンタを貰い口惜しいやら情けないやらで、便所の中で一人泣いた事。その時駅前の食堂から当時流行していた「古き花園」のメロディが聞こえていた事など、つい昨日の出来事のように思い出されます。

嬉しかった思い出としては、やっぱり雇員資格試験に合格したときです。こんな下積みの時代でしたから紺サージ服への憧れは大変なもので、厳しい勤務の傍ら受検誌と取り組み、専検受検と並行して猛勉強をしたのですから合格の喜びもまた一入だったのでしょうか。

それからほどなく雇員拝命、M自動車区に転勤しましたが、この時はまるで天下でも取ったような気持ちで、紺サージ制服と一本線の袖章を見せびらかすように、肩で風を切って歩き回ったものです。

間もなく第二次世界大戦の勃発、現役兵として入隊、牡丹江での終戦、そして中央アジア、バイカル湖畔、沿海洲の各地を転々と抑留生活の三年間、実に屈辱と忍従の日々でありましたが、この間本当に日本という国の有難さと、ふるさとの山河の美しさを沁々と再認識した次第です。

戦後、国鉄の労働条件、職場の環境等は飛躍的に改善されてまいりましたが、こと人の問題ともなりますと、何かひとつ欠けるものがあるように感じるのは私一人のひがみでしょうか。

世界に誇った正確無比のダイヤ、それを支えてきた厳しい鉄の規律と国鉄大家族二十万人の固い団結、そんなものが戦後すべて民主主義に反するものとして葬りさられ一顧だにされなくなった事には、いささか疑問を持たざるをえません。

旧来の陋習《ろうしゅう》を守株《しゅしゅ》する必要は更にありませんが、伝統の美徳は継承し大切に育成して行くべきだと堅く信じます。殊に国鉄のような大きな組織のなかでは「厳正な規律という一本の筋は絶対に欠かす事は出来ない」と思うのですが如何でしょう。

自ら戦前派をもって任じ酒がはいると軍歌を口ずさみ、大正、昭和初期の懐かしのメロディをこよなく愛するのも、こうした頑なさ故かもわかりません。

なにはともあれ、月並みの言葉で申し訳ありませんが、この三十年間をそれこそ大過なく勤務させて戴きました事は、ひとえに上司の方々のよりよき御指導と、更によき同僚に恵まれた事の一語に尽きるとおもいます。

それにもう一言敢えて付け加えさせて戴くなら、家庭での口うるさい此の私を、ほどほどに操縦し、私をして職務専一の安全運転のやむなきに至らしめた糟糠の妻の「管理の手腕」もまた大きな功績であろうかと思います。

今回の功績章受賞を機に、更に一層の精進をかさね国鉄自動車発展のために微力を捧げることを堅く心に誓いつつ、拙文を終わらせて戴きます。

◆轟け鉄輪◆

ここで戦前はなにかにつけて愛唱されていた「鉄道精神の歌」をご紹介したいと思います。

この歌は昭和九年、時の鉄道省が部内職員から応募作品五百五十編のうちから厳選の結果入選候補作品五編の用語・内容をミックスして一編にまとめ昭和十年一月十二日に制定したものです。

鉄道精神の歌

作詞　北原白秋　　編曲　山田耕筰

一、

轟け鉄輪　我がこの精神
　輝く使命は　厳たり響けり
栄えあれ交通　思えよ国運
　奉公ひとえに　身をもて献げむ
国鉄　国鉄　国鉄　国鉄
　いざ奮え我等　我等ぞ
大家族二十万人　奮え我等

二、

轟け鉄輪　我がこの団結
　輝く誠は　耿たりとおれり

栄えあれ勤労　誓えよ協力
　　敬愛あらたに和しつつ進まむ
「以下　一とおなじ繰り返し」

三、
轟け鉄輪　我がこの伝統
　　輝く魂は　凛たり匂えり
栄えあれ公正　鍛えよ質実
　　修養朝夜に　知能を磨かむ
「以下　一とおなじ繰り返し」

母の教え 「母を語るシリーズ・1」

「武士は食わねど　高楊枝」この諺を聞かれて、皆さんどんな情景を思い浮かべられるでしょうか。まず連想されるのは最早刀剣など無用の長物となり果てた徳川の世も末の頃、下積み武士層によく見られる、階級意識の裏返しとも言えるであろう「痩せ我慢」、或いは禄を離れること久しく、落ちぶれ果てて今は傘張りなどの内職に追われている浪人達の昔恋しき「見栄っぱり」とでも思われるでありましょうか。

みな人にはそれぞれの見方がありましょうが、しかし私は幼い時分から、この諺を少し違った意味で母から教えて貰ったように記憶しているのです。

それはたとえ貧苦のどん底にいても、「貧すりゃ鈍する」というような弱い心では駄目。落ちぶれていても祖先の名を恥ずかしめる事は絶対許されない事。「心だけは決して堕としてはいけない」というのが母の持論だったと思います。

こんな事で「どんなにひもじくとも、決して卑しい真似・浅ましい行為をするな。只々武士の誇りを持って清廉潔白にふるまえ」といったようなことを、耳にタコが出来るほど聴かされたものでした。

いま考えて見ると世相にそぐわない前時代的な感覚と思われないでもありませんが、私は母のこの教えが身に沁みこんでいた御陰で、あの厳しい軍隊での生活、或いは餓鬼世界の再現を思わせるようなシベリヤの抑留生活をも生きのびてこられたのだ、と確信しています。
そして今更ながら亡き母の教えに感謝の念を深くしている次第であります。

平成三年五月十二日

母の日によせて

宮林線の思い出

――昭和四十九年十月宮林線開通四十周年に際して――

私が宮崎自動車営業所に勤務し始めたのは、復員して間のない昭和二十四年でしたから、もう二十五年も昔のことになります。

終戦直後からしばらくは、トラックでバス代用運転を行っていたそうですが、流石にそれだけは姿を消していました。

着任して初めての乗務の日は冷たい雨の日でしたが、驚いたことに窓ガラスのあるべき処に、なんと二、三カ所板が貼りつけてあるのです。慌てて他の車両を見ると、大なり小なりみな同じようなもので、ひと安心（？）致しましたが、戦後の物資不足の折柄このようなことは日常茶飯事だったようです。日が暮れてくると板張の暗い車内が一層暗くなります。車内の照明といえば乗降口に豆電気ほどの灯りがあるばかり、乗車券を発行するときなど、車の動きにあわせて足を踏ん張りながら僅かな灯りを頼りに、軽技の格好よろしく鋏を入れたものでした。

前照燈は二個は勿体ないとのことで、車の真ん中に一個だけの一つ目小僧です。でも宮崎市内目抜き通りの橘通りでさえ街灯のなかった時代でしたから、結構バスが来るとは分かって貰えたようです。勿論ガソリン車は皆無、木炭、薪などの大きなガス発生炉を背負っての、鈍行運転の明け暮れでした。

毎朝の始発便は先ず発生炉のガスを起こすことから始まります。運転士が発生炉の上に乗り、車掌が炭俵入りの木炭を下から渡す。木炭を炉に入れると今度は地獄の鬼でも持っていそうな大きな鉄棒で中が空洞にならぬよう木炭を突き固める。それが済むと「ガスおこし」いよいよ送風機の出番です。

大分後になってから電動のものが配置されましたが、それまでは右手、左手交互に腕がしびれるまで送風機を回したものです。ある朝など市内橘橋のど真ん中でガス切れでエンコし、薪を炉の上に積み上げて、一寸《ちょっと》したボヤさながらに煙を出しながら、送風機のハンドルを回した事も思い出に残っておりま

宮林線 永谷坂の羊腸たる急坂をくだる宮崎行の国鉄急行バス

宮林線路線調査（1934.9.15）の際、原園バス停付近から高岡町大丸橋方面遠望

す。

代燃車は登りに弱く、現在のバスでは到底坂といえないような勾配でも、さかんにストップしました。お客さんも心得たもので車がエンコすると直ぐサッと下車し、たとえそれが雨の日であっても、手や履物を泥だらけにしながら車の後押しをして戴いたものでした。

幹線道路十号線といえども砂利道の時代で、雨期には泥んこ水溜まり、皿掘れとなり、お天気が続けば車が通る度に濛々たる砂煙がたち、遥か彼方からでもバスの来るのが分かる程でした。

こんな状態でしたから宮崎から小林まで、各駅でお客さんの乗降の都度車から降りて客扱いしてゆくと、制帽から制服までが真っ白になったものです。

その昔の宮林線をご存じのお方は多分永谷坂の話をご記憶のことと思います。木炭車や薪車で、それこそ文字通りエンジンの音轟々と、カーブの多い坂道を登って行くのですから、よっぽど声を張り上げないとお客さんに折角の案内が役に立ちません。勿論マイクなどない頃のこと、一日中大声のあげっぱなしで本当に声の掠れる事も屡々《しばしば》でした。そんな有様でしたから特に大切な始発時、終着時の案内は、事前に運転士と打ち合わせを行い、エンジンの音の比較的静かな時間と場所を選定するのに苦心したものです。

あの頃から既に二十有余年、かつての砂埃りの凸凹道は、九地自管内バス路線の中でも屈指の快適な道路に生まれ変わっています。そして当時のオンボロ車とは雲泥の差ともいうべき、ツートンカラーのつばめバスが走るようになりました。まさに隔世の感があります。

しかし星は移り人は変わっても、私達の宮林線をとりまく人情のこまやかさは終生変わらない事を信じます。

この懐かしい宮林線が、今後も更に発展し続けてゆきますよう、そして宮崎自営の皆さんが益々お元気でご活躍下さるよう心よりお祈り致します。

（「九州国鉄バスだより記念特集号」掲載　九州地方自動車部 総・庶務係長時代のもの）

閑中忙あり

考えてみると月並みの例えのとおり、月日のたつのは本当に早いものですね。私が国鉄の職を去ってから既に十二年、そして退職後の鉄道関連の仕事をやめてからでも、あっという間に三年の歳月がたってしまいました。

職にあった頃は皆さんもご存じのように、業務の都合なんかで週一回の休日さえも満足に取れない事もよくあったりしました。現在考えてみれば実に可笑しいような話ですが「誰にも邪魔されず、なんとか日曜日にゆっくりと休みたい」という極めてささやかな願いが当時の最大の願望であったように思い出されます。

職を辞してからも暫くの間は、それこそ永い期間顧みる暇とてなく、放置されっぱなしだった我が家の内外の雑用の処理に追われる事で、それなりに充実した毎日を送ることが出来ました。

しかしそれも束の間、ものの一年もたった頃には家の周辺には最早意欲をもって取り組むような仕事は底をついてしまい、来る日も来る日もなすこともなく唯々テレビの番人となり果てるようになったのでした。

こうなるとサラリーマン時代の究極の願望であった筈の「毎日が日曜日」なる言葉も、色褪せてうら淋しいものになってしまいそうです。勿論鉄道ＯＢ会の支部分会関係の仕事、それに九自会県支部のお世話もその間それなりにやっておりましたが、矢っ張り単調で張りのない生活の連続に変わりました。

これではいけない。この儘では駄目だ。この際何か頭の運動をかねて、充分すぎるほどの余暇を有意義に活用出来るものはないものかと考えた挙げ句、「ワープロ」の練習を思いついたのです。

昭和六十三年九月に、当時としてはまずまず中級機相当の機器を購入し、あたかも玩具をあてがわれた小児のように、家人の嘲笑をもよそに終日飽きもせず練習を重ねた次第でした。

この労が報いられたか可成りの成果もあがり、年末から平成元年一月にかけて、私のシベリヤ抑留体験をワープロで打ち小冊子「回想記」なるものも作成出来るまでになりました。各種の同窓会や九自会県支部関係の会員名簿資料作成などなど、皆さんからも大いに喜んで戴いているところです。

頭と指の運動・ボケを防止しつつ地域社会へも貢献出来るという、まさに一石二鳥のアイデア（？）と自負しております。皆様方もひとつ如何でしょうか。

「閑話休題」最近の私と致しましては、ワープロ専用機だけではあきたらず次の段階を夢見つつ、目下特訓に明け暮れる毎日であります。しかし暇だけはあっても先立つもののない悲しい現況です。果たして私の見果てぬ夢の叶うのは、いつの日の事でしょうか。

（一九九〇・一〇・一四）（「九自会だより」ＯＢ会機関誌掲載　九自会宮崎県支部長時代）

宮崎短信

いつの間にか今年も秋の季節が訪れて参りました。

今年はご承知の通り台風の当たり年で、宮崎地方も八月だけで三個の台風のご訪問を受けました。ことわが家に関する限り、現時点ではさしたる被害もなく胸を撫で下ろしているところですが、矢張りこれからの本番が心配の種です。

さて本当に月日の経つのは早いもの、昨年の十一月七日九自会第十七回総会が天草郡大矢野町で開催されましてから、既に一年になろうとしております。今年もあとひと月余りで、第十八回総会が十月二十五日に鹿児島市中原別荘で開催されますが、私は総会に出席されるであろう懐かしい顔触れなどを思い起こしながら、指を折りつつ開催の日を心待ちにしている今日この頃であります。

さて鬼も笑うとかいう「来年のこと」ではありますが、「九自会第十九回総会」の開催地は我が宮崎市です。そこで前広にＰＲを兼ねて、最近の宮崎市の変貌の有様を特に重点を宮崎駅の周辺において簡単にご紹介しておきたいと存じます。

いま宮崎駅の近くに来て吃驚《びっくり》される事と言えば、駅構内の東端を南北に林立する高架鉄道用の力強く美しいアーチの連なりではないでしょうか。これは昭和六十一年五月ＪＲ九州と宮崎県・宮崎市との協定成立により、構想発表以来実に十四年振りに工事をスタートした連続立体交差・鉄道高架事業と宮崎市東部地区開発計画に基づくものでありまして、この事業の完成により市街地の東西一体化・宮崎駅周辺市街地再開発等の市民永年の夢が実現される訳であります。

鉄道高架は宮崎神宮駅から大淀川鉄橋に至る約三・五キロに、既設線の東側に平均高七メートルの高架化を実施し、七カ所の平面踏切を含み二十一カ所の道路が立体交差となるため、東西市街地の交通の流れがスムーズになり、駅前広場も西口広場が拡張整備されるとともに、東口が新設され東部地区玄関口となるよう広場が整備されます。この東口は「宮崎ガスKK」から旧国鉄宮脇宿舎通りの正面にあたり、もと宮崎機関区の事務室跡付近と思われますが、かつて宮崎自営に勤務され昔の風景をよくご存じの方は、あまりの移り変わりの激しさにさぞ驚かれる事でしょう。

この工事の完成目標は当初昭和六十六年度とされておりましたが、諸般の事情是あり二年程遅れる模様と聞いております。

しかし今日現在では高架は全区間完成、架線柱も立ち駅ホームの鉄骨も出来上がっております。あの大きな青葉陸橋も今では跡形もなく消えてしまいました。今年度中（平成四年度）には、高架上を列車が走行するようになるそうですから私の楽しみがまたひとつ増えました。

九自会の皆様方が宮崎総会にお越しになる来年の今頃には、東口広場も出来上がっておりましょうし、列車から降りられてもほんの二〜三分たらずで会場（宮崎厚生年金会館）に御案内出来ると思います。

また駅東口の周辺は「文化の森公園」となっており宮崎市中央公民館・宮崎市総合体育館などの公共施設や、世界最大のプラネタリウムを備えることで有名な宮崎科学技術館も隣接しております。その他公園内には日本庭園・アスレチック広場等など市民の憩いの広場もあり、行楽にまた散策に絶好の場所であります。そして更に私の指定「散歩コース」のひとつにもなっております。

もれ聞くところによりますと、JRバスも現在地（駅前）から高架下に移転せねばならないそうですし、その他の現業機関も高架下に移ることになるそうですが、関係職員の方々のご苦労もこれからがなお一層大変な事とお察しする次第です。

駅本屋の建設・取り付け道路等の一連の工事が完成するまでにはまだまだ時日を要すると思いますが、来年の秋新しい宮崎の姿をご覧下さるためにも、是非とも皆様方の宮崎総会へのご出席を、今から心よりお願い申し上げる次第でございます。

最後に自動車事業部並びに九自会会員の皆様方のご健勝ご多幸を祈念いたしまして、つたない一文を終わらせて戴くことに致します。

平成四年九月七日

（「九自会だより」ＯＢ会機関誌掲載）

宮崎市主催　合同金婚式の祝賀会に出席のとき
（2002.11.22 撮）

私だけの昭和史《ものがたり》

二〇一五年一月十五日　初版印刷
二〇一五年一月二十六日　初版発行

著者　甲斐裕文©
発行者　川口敦己
発行所　鉱脈社
〒八八〇-八五五一
宮崎県宮崎市田代町二六三番地
電話　〇九八五-二五-一七五八

印刷　製本　有限会社　鉱脈社